MIX
Papier aus verantwortungsvollen Quellen
Paper from responsible sources
FSC® C105338

Fatih Karakol

Konzeption einer ontologiebasierten Schnittstelle zur Integration von verteilt vorliegenden Informationsquellen

disserta
Verlag

Karakol, Fatih: Konzeption einer ontologiebasierten Schnittstelle zur Integration von verteilt vorliegenden Informationsquellen. Hamburg, disserta Verlag, 2016

Buch-ISBN: 978-3-95935-244-4
PDF-eBook-ISBN: 978-3-95935-245-1
Druck/Herstellung: disserta Verlag, Hamburg, 2016
Covermotiv: © laurine45 – Fotolia.com

Bibliografische Information der Deutschen Nationalbibliothek:
Die Deutsche Nationalbibliothek verzeichnet diese Publikation in der Deutschen Nationalbibliografie; detaillierte bibliografische Daten sind im Internet über http://dnb.d-nb.de abrufbar.

Das Werk einschließlich aller seiner Teile ist urheberrechtlich geschützt. Jede Verwertung außerhalb der Grenzen des Urheberrechtsgesetzes ist ohne Zustimmung des Verlages unzulässig und strafbar. Dies gilt insbesondere für Vervielfältigungen, Übersetzungen, Mikroverfilmungen und die Einspeicherung und Bearbeitung in elektronischen Systemen.

Die Wiedergabe von Gebrauchsnamen, Handelsnamen, Warenbezeichnungen usw. in diesem Werk berechtigt auch ohne besondere Kennzeichnung nicht zu der Annahme, dass solche Namen im Sinne der Warenzeichen- und Markenschutz-Gesetzgebung als frei zu betrachten wären und daher von jedermann benutzt werden dürften.

Die Informationen in diesem Werk wurden mit Sorgfalt erarbeitet. Dennoch können Fehler nicht vollständig ausgeschlossen werden und die Diplomica Verlag GmbH, die Autoren oder Übersetzer übernehmen keine juristische Verantwortung oder irgendeine Haftung für evtl. verbliebene fehlerhafte Angaben und deren Folgen.

Alle Rechte vorbehalten

© disserta Verlag, Imprint der Diplomica Verlag GmbH
Hermannstal 119k, 22119 Hamburg
http://www.disserta-verlag.de, Hamburg 2016
Printed in Germany

Inhaltsverzeichnis

Abkürzungsverzeichnis .... **VII**

Abbildungsverzeichnis .... **VIII**

Tabellenverzeichnis .... **X**

1 Einleitung **1**
    1.1 Ausgangslage 1
    1.2 Motivation 2
    1.3 Zielsetzung 4
    1.4 Vorgehen 4

2 Problematik des Informationsaufkommens **6**
    2.1 Suche nach Informationen 8
    2.2 Intelligente Suche nach Informationen 10
    2.3 Der Weg vom Web zum Semantic Web 10
        2.3.1 Semantic Web 15
        2.3.2 Semantik im Semantic Web 16
        2.3.3 Prinzipien und Standards des Semantic Web 17
        2.3.4 Semantic Web und Informationsintegration 19
    2.4 Metadaten 20
    2.5 Terminologie 21
        2.5.1 Integrationsbegriff 21
        2.5.2 Was ist Information 24

3 Ontologien **31**
    3.1 Was ist eine Ontologie? 31
        3.1.1 Ontologie in der Philosophie 32
        3.1.2 Ontologie in der Informatik 32
        3.1.3 Definitionen in der Informatik 34
    3.2 Bestandteile einer Ontologie 37
    3.3 Klassifizierung von Ontologien 40

		3.3.1	Unterscheidung nach der Allgemeingültigkeit 41
		3.3.2	Unterscheidung nach dem Formalisierungsgrad 42
		3.3.3	Unterscheidung nach der Komplexität 43
	3.4	Warum werden Ontologien benötigt? 45	
	3.5	Ontologiesprachen 48	
		3.5.1	Anforderungen an Sprachen 48
		3.5.2	Unterscheidung der Sprachen 49
		3.5.3	Beschreibung der Sprachen 52
	3.6	Auswahl einer Sprache 56	
	3.7	Ontologieentwicklung 59	
		3.7.1	Drei Stufen der Ontologieentwicklung 61
		3.7.2	Methoden der Ontologieentwicklung 62
	3.8	Werkzeuge 66	
4	**Entwurf des Konzepts der Schnittstelle** **70**		
	4.1	Anforderungsanalyse 71	
		4.1.1	Zielpublikum der Schnittstelle 72
		4.1.2	Aufgaben und Strategie der Schnittstelle 72
		4.1.3	Account eines Anwenders 72
		4.1.4	Ontologien laden und graphisch darstellen 73
	4.2	Allgemeine Anforderungen an die Schnittstelle 76	
	4.3	Ontologiebasierte Informationsintegration 77	
		4.3.1	Analyse der Informationsintegration 79
		4.3.2	Operationen der Datenintegration 80
	4.4	Klassifikation von Integrationskonflikten 81	
	4.5	Integrationsarchitekturen 83	
	4.6	Ansätze zur Integration von Ontologien 85	
	4.7	Integrationsprozess 87	
5	**Grundlegende Überlegungen** **90**		
	5.1	Informationsquellen 91	
	5.2	Arbeitsschritte bei der Informationsintegration 91	

	5.2.1	Zugriff auf Informationsquelle 92
	5.2.2	Hochladen eines Metadatenformats 93
	5.2.3	Hochladen einer Ontologie 94
	5.2.4	Zusammenführen zu einer globalen Ontologie 95
	5.2.5	Nächster Schritt: Matching, Mapping und Merge 100
	5.2.6	Integrationsaufgabe der Schnittstelle 108
	5.2.7	Lösung der semantischen Heterogenität 109
	5.2.8	Nutzungsszenarien der Schnittstelle 112
	5.2.9	Zusammenfassung 113
6	**Evaluation der Schnittstelle 115**	
	6.1	Definition der Evaluation 115
	6.2	Evaluationformen 116
	6.3	Anwendbarkeit des gewählten Evaluierungstyps 118
	6.4	Evaluationskriterien 119
	6.5	Evaluationsmittel 119
	6.6	Betrachtung der Implementierung gegen das Konzept 120
	6.6.1	Durchführung der Evaluation auf den implementierten Prototypen 120
	6.6.2	Testszenario 122
7	**Zusammenfassung und Ausblick 126**	
8	**Literaturverzeichnis 128**	
9	**Anhang 151**	

Abkürzungsverzeichnis

COMA	Combining Match Algorithm
DBMS	Database Management System
DAML	DARPA Agent Markup Language
DL	Descriprion Logic
FOAM	Framework for Ontology Alignment and Mapping
HPKB	High Performance Knowledge Base
HTML	Hyper Text Markup Language
IKT	Informations- und Kommunikationstechnik
KI	künstliche Intelligenz
NLP	Natural Language Processing
OIL	Ontology Inference Layer
OKBC	Open Knowledge Base Connectivity
OWL	Ontology Web Language
RDF	Resource Description Framework
RDFS	RDF Schema
SAT	Propositional SATisfiability Techniques
SHOE	Simple HTML Ontology Extensions
SKOS	Simple Knowledge Organisation System
SPARQL	Simple Protocol And RDF Query Language
u.a.	unter anderen; unter anderem
URI	Uniform Resource Identifier
W3C	World Wide Web Consortium
WWW	World Wide Web
XML	Extensible Markup Language
XOL	Ontology Exchange Language

Abbildungsverzeichnis

Abbildung 2.1: Prozess der Internetentwicklung 11

Abbildung 2.2: Entwicklung der Webtechnologien 14

Abbildung 2.3: Themen in Beziehung zum Semantic Web 16

Abbildung 2.4: Architektur des Semantic Web 18

Abbildung 2.5: Dimensionen der Integrationsformen 22

Abbildung 2.6: Integrationsepochen 23

Abbildung 2.7: Handlungstheoretische Abgrenzung des Wissensbegriffes 25

Abbildung 2.8: Begriffshierarchie 26

Abbildung 2.9: Differenzierungsmerkmale 27

Abbildung 2.10: Bedeutungsdreieck 28

Abbildung 3.1: Formalisierung einer Ontologie 34

Abbildung 3.2: Gebräuchlichste Ontologiedefinition mit Erläuterungen 35

Abbildung 3.3: Struktur einer Ontologie 38

Abbildung 3.4: Beispiel einer Ontologie 40

Abbildung 3.5: Gruppen der relevanten Verfahren 40

Abbildung 3.6: Klassifikation von Ontologien nach Guarino 42

Abbildung 3.7: Ontologiespektrum 44

Abbildung 3.8: der semantischen Reihenfolge für Ontologien 45

Abbildung 3.9: Semantische Konflikte 47

Abbildung 3.10: Phasen der Ontologieentwicklung 61

Abbildung 3.11: Dreiteilung der Entwicklung einer Ontologie 61

Abbildung 3.12: Entwicklung einer Ontologie 65

Abbildung 3.13: Ontobroker-Architektur 68

Abbildung 4.1: Phasen im Web Engineering 71

Abbildung 4.2: Darstellung der Ontologien (einzeln und zusammengeführt) 75

Abbildung 4.3: Grundarchitektur der Informationsintegration 78

Abbildung 4.4: Ontologiebasierte Datenintegrationsarchitektur 79

Abbildung 4.5: Grundidee 79

Abbildung 4.6: Architekturansätze mit Ontologien 84

Abbildung 4.7: Integrationsprozess von Ontologien 88

Abbildung 5.1: Komponenten der Architektur 90

Abbildung 5.2: Registrieren 92

Abbildung 5.3: Informationsmodell als Metadaten hochladen 94

Abbildung 5.4: Ontologie hochladen 95

Abbildung 5.5: Merge und Mapping der Ontologien 95

Abbildung 5.6: Klassifikation von Ontology Heterogenitäten 97

Abbildung 5.7: Schamtischer Matching Prozess 100

Abbildung 5.8: Klassifikation von Matching-Techniken 102

Abbildung 5.9: Zusammenhang zwischen Matching, Merging und Mapping 105

Abbildung 5.10: Matching-Prozess von Coma++ 107

Abbildung 5.11: Architektur der Schnittstelle 114

Abbildung 6.1: Formative und summative Evaluation in der Softwareentwicklung 117

Abbildung 9.1: Erfassungsbereich der Suchwerkzuge im Internet 151

Abbildung 9.2: Vergleich von Ontologiesprachen 153

Tabellenverzeichnis

Tabelle 3.1: Bestandteile einer Ontologie 39

Tabelle 3.2: Kenngrößen für die Auswahl von Ontologiesprachen 49

Tabelle 3.3: Unterscheidung Beschreibungslogik 52

Tabelle 4.1: Taxonomie von semantischen Konflikten 83

Tabelle 5.1: Arten von Heterogenitätsproblemen im Überblick 97

1 Einleitung

Wissen resultiert aus der Verarbeitung von Informationen durch das Bewusstsein [Albr93, S.228] und wird von Individuen zur Handlungssteuerung bzw. zur Lösung von Problemen verwendet. Entscheidend für den Wert des Wissens ist die semantische Anreicherung und Abstimmung zwischen dem speichernden und wieder auslesenden System. Um semantische Konflikte vermeiden und die Wiederverwendbarkeit sicherstellen zu können, bedarf es eines Konsens in der Verwendung gleicher Symbole, der Zuordnung der Symbole denselben Konzepten und Beimessung derselben Bedeutung von Konzepten.[Bode05, S.123;Hald04, S.15]

In diesem Einleitungskapitel werden zunächst die Motivation und der Hintergrund, die zur Umsetzung dieser Diplomarbeit führen, erläutert. Im Anschluss wird die genaue Vorgehensweise beschrieben.

1.1 Ausgangslage

Die Menschen leben heute in einem von Informationen geprägten Zeitalter. Daten und Informationen, in jeglicher medialer Ausprägung, sind überall und allgegenwärtig. Die Notwendigkeit einer effektiven Verwaltung charakterisiert den Umgang mit Wissen und Informationen. Historisch betrachtet ist diese Tatsache nicht überraschend. Der Versuch Wissen zu archivieren und dieses anderen zugänglich zu machen liegt in der Natur des Menschen. Seit der Vorzeit gehen die Menschen dem Bedürfnis nach Informationen zu sammeln und ihr Wissen aufzuzeichnen. Mit der Entwicklung der Sprache, gelang es den Menschen, Dinge mit Worten zu beschreiben und sich mit seinen Mitmenschen zu unterhalten [GaHP08, S.15]. Bis zur Erfindung der Schrift, galten die direkte Kommunikation mit weiteren Personen und das Gedächtnis eines Menschen als die einzige Möglichkeit Wissen zu konservieren und es weiterzugeben. Erst die Erfindung der Schrift ermöglichte es bis heute Informationen ohne die direkte Begegnung von Personen über Distanzen und längere Zeiträume hinweg weiterzugeben und zu archivieren. Aufbauend auf die Schrift, ermöglichten die Erfindung der Schriftrolle und später der moderne Buchdruck um 1450, die Vervielfältigung von Schriftstücken im großen Umfang und Ausweitung der Verbreitung von Informationen.[Wart99; Kunz05, S.16ff]

Mit dem verstärkten Aufkommen des Kopierens, Speicherns und der zunehmenden Menge von Schriftstücken, ging schon zu dieser Zeit das Bedürfnis einher, aus der Menge an Schriftstücken diejenigen auszuwählen, die wichtige Informationen enthielten. Für Archive und Bibliotheken, die dieses Wissen öffentlich bis heute verwalten, wurde es daher immer wichtiger, abgelegte Inhalte systematisch zu ordnen, damit sie wieder aufgefunden werden konnten. Für das Finden und Arbeiten mit den Schriftstücken wurden Erschließungssysteme unerlässlich. Das erste Erschließungssystem, stellte ein einfaches Klassifikationssystem dar und benutzte Etikettentäfelchen, die an Tafelbehältnisse angelehnt wurden und den Inhalt der Werke thematisch umschrieben.[Wart99; Kunz05, S.16ff]

Eine Vielzahl unterschiedlicher Erfindungen und technischer Entwicklungen führten zu den heutigen Medien (Zeitung, Radio, Fernsehen) und letztendlich zum globalen Netzwerk „Internet", wodurch den Menschen viel schneller, einfacher und mehr an Informationen übermittelt und Wissen zugänglich wurde. Heutzutage sind die Menschen in der Lage, über das Internet auf sehr große Datenbestände und weltweit verteilte Ressourcen von elektronisch gespeicherten Informationen zuzugreifen. Neben dem Zugriff auf sehr große digitale Datenbestände, lassen sich heute zugleich immer schneller Daten produzieren. Die Menge an Informationen, die Weltweit täglich produziert wird, ist enorm und steigt stetig. So wurden allein 2004 „mehr Informationen als in der bisherigen Menschengeschichte produziert"[Trku05, S.23]. Doch es macht nur dann einen Sinn große Mengen an neuen Daten zu erzeugen, wenn auf diese zur erwünschten Zeit zugegriffen werden kann. Es lässt sich erkennen, dass neben dem Sammeln von Informationen auch die strukturiere Speicherung, der Austausch und besonders das wirksame Wiederauffinden von Daten oder Informationen ein besonderes Problem und eine besondere Relevanz in jeder Epoche und auch in unserer Gesellschaft hat.

1.2 Motivation

Seit ihrer Einführung und Vorstellung gegenüber der Öffentlichkeit ist es Rechenmaschinen möglich digitale Daten zu verarbeiten. Seither können Daten in verschiedensten technischen oder inhaltlichen Formen gesammelt und in einem verteilten Umfeld abgelegt werden. Gegenwärtig können sie verschiedenen Organisationen gehören und in verschiedenen Formen vorliegen.

Im Zuge von Entwicklungen der Informationstechnik führen neue Trends und Technologien zu einem enormen Anstieg von digitalen Daten, die im Allgemeinen unstrukturiert und heterogen vorliegen. In Folge des fortwährenden Zuwachses an Daten ergeben sich einige große Probleme. Daher bedarf es neuer Zugangswege und neuer Techniken, um die darin enthaltenen Informationen und das mit ihnen verbundene Wissen effizient und zielgerecht nutzen zu können.

Da Daten der Grundstoff und Ausgangspunkt für die Erzeugung von Informationen und Wissen sind, ist es nicht verwunderlich, dass derzeit ein effektiver und unmittelbarer Zugriff auf Information und Wissen, die Forschungen der Wissenschaft und Unternehmen kennzeichnet und einen unumstrittenen Konsens bildet. Dementsprechend sind sehr viele Überlegungen geführt worden, um Standards für schnellere und intelligentere Informationslagerungs- und Wiederauffindungssysteme zur Verfügung stellen zu können.

Stellvertretend für die Entwicklung des immer reichhaltiger und unüberschaubarer werdenden Informationsangebots steht das Internet. Mit ihrer Unmenge an verteilt vorliegenden und verfügbaren Daten unterschiedlichen Typs und Struktur, sowie Diensten bildet sie heute eine nicht nur eine große Informationsplattform, sondern ebenso eine Kommunikationsplattform. Derzeit gilt sie als die meist genutzte Technologie und effektivste Möglichkeit der Informationsbeschaffung. Angesichts der physikalisch verteilten Lage von Informationen und der fehlenden Semantik, stellt sich hier ebenfalls das Problem der präzisen und effizienten Wiederauffindung von benötigten Informationen. Zwar gelingt es mit unterschiedlichen Suchhilfen dem Anwender Informationen bereitzustellen. Doch bieten sie trotz eigener Werkzeuge, Algorithmen und Strategien meist nicht die Ergebnisse, die vom Nutzer letztendlich erwünscht werden und enden meist in einer erneuten oder erfolglosen Suche.

Mit dem Ansatz der Weiterentwicklung zum Semantic Web und den damit resultierenden semantischen Technologien sollen im Internet befindende Informationen derart präsentiert werden, dass mit Hilfe ihrer Techniken diese durch Maschinen verstanden und verarbeitet werden können. Dieses wird erzielt, indem Informationen eine Semantik bzw. semantische Beschreibungen verliehen werden. Dadurch geht eine Steigerung des Informationsgehaltes einher, wodurch es u.a. Suchmaschinen gelingt, anhand der dahinterliegenden Bedeutung des Netzinhaltes, Informationen automatisch auffinden und bereitstellen zu können.

Der Kern bzw. die Schlüsseltechnologie dieser Technologien bilden Ontologien, die ein formal spezifiziertes Vokabular zur Verfügung stellen und der maschinellen Interpretierbarkeit bzw. Mensch-Maschine oder Maschine-Maschine-Kommunikationsmöglichkeit unterstützend beitragen. Mit Hilfe der Ontologien gelingt es den Inhalt einer Datenquelle mit Semantik zu beschreiben und semantische Äquivalenzen zwischen unterschiedlichen Objekten bzw. Konzepten entdecken zu können. So können Ontologien dazu verwendet werden, Funktionalitäten von Systemen durch eine Schnittstelle semantisch zu beschreiben, in ihnen enthaltene Informationen zur Verfügung zu stellen und zur Nutzung bereitzustellen. Als übergeordnete konzeptuelle Modelle stellen sie ein gemeinsames semantisches Vokabular über mehrere Informationsquellen hinweg bereit, dass ein integrieren von Informationen aus heterogenen Quellen ermöglicht[1]. Übersetzungs- und Transformationsvorschriften können mit Ontologiesprachen bequem formuliert werden, was die übergeordnete Konsistenzüberprüfung und Anfragebearbeitung erlaubt[2].

---

[1] Vgl. http://www.theseus.joint-research.org/assets/Weitere-Informationen/Theseus-Flyer-Druck.pdf zuletzt aufgerufen 22.03.2011

[2] Vgl. Ebd.

1.3 Zielsetzung

Informationen, die durchaus speziell erhoben sein können, werden meist in großen Datenbeständen auf verschiedenen, physikalisch verteilten und potentiell relevanten Datenquellen gehalten. Oftmals führen unzureichende Strukturierungen dazu, dass gewünschte und gezielt benötigte Informationen nicht ermittelt oder effizient bereitgestellt werden können. Angesichts der physikalisch verteilten Lage von Informationen und der fehlenden Semantik, ist es das Ziel dieser Diplomarbeit auf die Möglichkeiten von semantischen Technologien im Bereich der ontologiebasierten Integration einzugehen und eine ontologiebasierte Schnittstelle zu konzipieren. Diese soll das Zusammensetzen von Informationsbeständen aus verschiedenen Informationsquellen an einer zentralen Stelle zulassen. Damit einem Nutzer ein erleichtertes und präzises Auffinden von erwünschten Daten oder Informationen ermöglicht werden kann. Zu der Aufgabenstellung gehört daher das Zusammentragen, die Bildung und das Ergänzen von Informationen, die für die Realisierung und der Konstruktion eines Prototyps dienlich sind.

Der Fokus liegt auf der wissenschaftlichen Analyse des „Semantic Web"- Bereichs und fachlich benachbarten Technologien. Parallel dazu werden bestehende Datenbestände, unterstützende Werkzeuge sowie mögliche einzubindende Dienste mit Blick auf die Verwendung innerhalb der Implementierung analysiert. Im Zuge der Konzeptentwicklung müssen Aktivitäten des Vergleichens und Zusammenführens für (zu entwickelnde) Ontologien berücksichtigt werden. Da das Zusammenfassen von mehreren existierenden Ontologien zu einer der Hauptaufgaben der Schnittstelle gehört.

1.4 Vorgehen

Angeregt durch die Entwicklung der semantischen Technologien und der Notwendigkeit nach effektiver Verwaltung von Informationen, lässt sich die Diplomarbeit an diesem Punkt ansetzen. Im Fokus steht die Konzeption und mögliche prototypische Implementierung einer Schnittstelle, mit deren Hilfe eine präzise und zuverlässige Informationsbereitstellung bzw. Informationsnutzung gesichert werden kann.

Nachdem in diesem Kapitel der Hintergrund, die Motivation und Ziele dieser Diplomarbeit erläutert wurden, wird an dieser Stelle die weitere Struktur der Arbeit beschrieben. Den Ausgangspunkt bildet das Kapitel 2. Zu der Vorgehensweise gehört es die Zielsetzungen der Arbeit zu erreichen. Dazu wird die Arbeit in zwei Bereiche unterteilt: dem Untersuchungs- und Konzeptionsbereich.

Zu Beginn jeder Aufgabe wird grundlegendes Wissen benötigt. Daher bildet Kapitel 2 den Ausgangspunkt des Untersuchungsbereichs. Es soll einen Überblick über die wichtigsten Grundlagen dieser Arbeit geben. Dafür werden zu diesem Kontext entsprechende und häufig genutzte Begrifflichkeiten verdeutlicht. Sowie die Grundlagen und Trends zu diesem Bereich geschildert. Eine wichtige Voraussetzung für das Konzept sind die Entwicklungen und die weiterführende Ideen des Internet. Daher werden auf die Entwicklungen eingegangen und eine Gegenüberstellung der Netze im Internet durchgeführt. Hierbei werden Vorläufer und mögliche Nachfolger des Semantic Web beschrieben. Letztendlich führt die Betrachtung des WWW zu einem besseren Verständnis der Bemühungen um das Semantic Web und ihrer Kerntechnologie, der Ontologien.

Die in dieser Arbeit zugrunde liegende Vorgehensweise folgt dem Ansatz der Verwendung von Ontologien. Daher bildet den Anfang der Konzeption, die Analyse existierender Methodologien sowie in der Praxis übliche Verfahren zur Entwicklung und Zusammenführung von Ontologien und ihre heutigen Anwendungsgebiete. Auf Grundlage von Untersuchungen werden in Kapitel 3 vorhandene Methoden für die genannten Zielsetzungen herausgearbeitet. Ferner werden in Kapitel 4 die Anforderungen an den Gestaltungsprozess der Schnittstelle erhoben, die Konkretisierungen für die Zielsetzungen beinhalten.

Nachdem ein grundlegendes Verständnis über das Themengebiet und der verwendeten Technologien geschaffen wird, gilt das Kapitel 5 zum Konzeptbereich. Dementsprechend wird in Kapitel 5 ein Konzept für den Lösungsweg beschrieben und auf den Entwurf für die Implementierung des Prototyps eingegangen. Es wird ein Konzept einer Schnittstelle vorgeschlagen, die das Zusammenfassen von aktuellen auf physikalisch verteilt vorliegenden Informationen ermöglicht. Dazu ist es erforderlich auf geforderte Merkmale, die Architektur des Konzepts und die vorhandenen Möglichkeiten von semantischen Technologien im Bereich der Integrationsmöglichkeiten einzugehen.

Darauf aufbauend wird in Kapitel 6 die mögliche Evaluation der Lösung beschrieben. Um das Ziel der Zusammenführung von verteilt vorliegenden Daten beispielhaft darzustellen, wird ein Beispielszenario eingeführt.

Als Abschluss folgen in Kapitel 7 eine Zusammenfassung der Arbeit und ein Ausblick auf die Möglichkeiten, die sich mit dem Prototypen ergeben.

2 Problematik des Informationsaufkommens

Wie bereits einleitend beschrieben, gehen Menschen dem Bedürfnis nach, Informationen und Wissen zu sammeln und über kommunikative Wege miteinander zu teilen. Eine Vielzahl verschiedener Entwicklungen ermöglichte es bis heute, Informationen aufnehmen und festhalten zu lassen, sowie anderen zur Verfügung zu stellen. Seit der Erfindung der Schrift wuchs die Zahl der abrufbaren Informationen stark an. Treibende Kraft für die Sammlung und Erzeugung von Informationen in den letzten Jahrzehnten, war die Erfindung der Rechenmaschinen [Demm10, S.50]. Im Gegensatz zu früher, als Informationen ausschließlich papierbasiert zur Verfügung standen, stieß die Erfindung der Rechenmaschinen einen digitalen Wandel an. Indem sie eine neue Infrastruktur anboten und neue Wege eröffneten, mit denen sich auf einfachste Weise Informationen und Daten in digitaler Form erfassen, speichern, verarbeiten und abrufen ließen.

Vor zwanzig Jahren ohne Programmierkenntnisse nicht benutzbar, vor zehn Jahren von den Arbeitsplätzen nicht mehr wegzudenken [Wurm01, S. 182], sind Computer heute in unterschiedlichster Form allgegenwärtig und unterstützen den Menschen bei seinen Tätigkeiten oder befreien ihn von teils komplexen Aufgaben. Ihr Einsatz in allen Bereichen gilt als wichtige Grundlage der heutigen Gesellschaft [Kell98, S.22f]. Mit ihrem Siegeszug seit den 80er-Jahren, als Selbstverständlichkeit in einem modernen Haushalt und Werkzeug im Alltag [HaNi02, S.465] haben sie die Arbeits- und Lebenswelt radikaler verändert als sonst eine Erfindung in den letzten Jahrzehnten wie bspw. das Telefon oder Fernsehen [Bueh00, S.14]. Seither können Informationen in Form von digitalen Daten und verschiedensten technischen oder inhaltlichen Formen gesammelt und in einem verteilten Umfeld abgelegt werden. Dieser technologische Fortschritt ermöglichte eine umfassende Informatisierung der Welt [Matt03, S.2]. Im Zuge dieser Informatisierung sind digitale Daten allgegenwärtig geworden.

Heute befinden sich die Menschen in einem Informationszeitalter, zu dessen Merkmalen es gehört von Informationen umgeben zu sein [vgl. Mits09, S.1]. Der technologische und rasche Fortschritt in der Informations- und Kommunikationstechnik (IKT), neue Trends, mehr Speicherkapazitäten und -technologien, sowie schnellere Geräte lassen es zu digitale Informationen bzw. digitale Daten mit leichter Handhabung zu produzieren, zu verarbeiten und bereitzustellen [Lang09, S.8]. Ständig werden neue Daten und Informationsquellen hinzugefügt. Infolgedessen stehen heute den Menschen Zugänge zu gewaltigen Informationenmengen der unterschiedlichsten Art zur Verfügung, auf die fast zu jeder Zeit und von jedem Ort zugegriffen werden kann. Dies ergibt nicht nur eine Massenproduktion an Information, sondern auch eine Informationsproduktion durch die Massen.[LyVa00]

Aus Entwicklungen und Errungenschaften in der Informationstechnologie, des damit verbundenen leichteren Speicherns mit riesigem Speicherplatz und Verbreitens von Information fasst [Krcm10] folgende Merkmale zusammen:

- zunehmende Verbreitung von weltweit vernetzten Informationssystemen[3]
- Vereinfachtes Erstellen und Kopieren von Informationen
- vereinfachte Informationsverbreitung
- Fülle an Informationskanälen
- Vernachlässigbare Kosten für Verbreitung, Manipulation und Erstellung
- Verstärkte Kommunikation von Informationen   [Krcm10: S. 55ff; Demm10, S.51]

Der Mensch benötigt Wissen um qualitative Entscheidungen im alltäglichen Leben, sei es sozial oder beruflich, treffen zu können. Dazu sind vielfältige, vorhandene oder neue Informationen erforderlich, die Verfügbar gehalten werden müssen um in individuelles gebrauchsfertiges Wissen umgesetzt werden zu können [FrGa02, S.99]. Die hierfür benötigten Informationen können auf verschiedenen Systemen oder Komponenten liegen. Es ist daher erforderlich, die auf den Systemen liegenden verschiedenartigen Daten zusammen zu tragen, zu analysieren und für die Problembewältigung zur Verfügung zu stellen.

Die Verfügbarkeit von Informationen, der effektive Umgang, die qualitative Aufbereitung und der schnelle Zugriff auf Informationen stellen zu überwindende Probleme dieser Gesellschaft dar und haben unterdessen einen hohen Stellenwert eingenommen. Indem sie einen immer größer werdenden Anteil des gespeicherten Wissens der heutigen Menschheit darstellen [Breid08]. Für verschiedene Bereiche wie Unternehmen, Behörden, wissenschaftliche Einrichtungen etc. als auch Privatpersonen wird die Lösung dieser Probleme heute immer wichtiger und gehört ebenso zu den zentralen Herausforderungen der Zukunft [vgl. Demm10 S.3]. Desweiteren sieht sich die heutige Gesellschaft durch den technologischen Fortschritt einem fortschreitenden und ständigem Informationsbedarf gegenüber. Da, vor allem die in den Industriestaaten lebenden Menschen auf Informationen „on-demand" oder „just-in –Time" zugreifen wollen und müssen.

Waren früher Informationen aufgrund ihrer Erstellung langlebig, ist der Zeitwert bzw. die Lebensdauer von Informationen heute sehr kurz, wodurch sie schneller veralten und schneller irrelevant werden [Nadi99, S.13]. Daraus resultiert eine immer fortwährende Suche nach aktuellen und digital verfügbaren Informationen. Daher haben digitale Informationen mittlerweile dermaßen eine wichtige Stellung in der Gesellschaft, dass sie neben Boden, Arbeit und Kapital zu den

---

[3] Informationssysteme sind Systeme, deren primärer Zweck die Informationsbereitstellung ist. Sie leiste eine Vielzahl von Einzelaufgaben, wie z.B. Erfassung, Bearbeitung, Verarbeitung, Speicherung, Transport und Ausgabe von Informationen.

begehrenswertesten Gütern gehören [Hart08, S.11][4]. Des Weiteren sind für Unternehmen, Wissenschaft und Forschung digital verfügbare Informationen von existenzieller Bedeutung. Beispielsweise sehen Unternehmen Informationen und das kompetente Handeln damit als wichtigen Produktionsfaktor, der Wettbewerbsentscheidend ist [Krcm10, S. 634; Ratz03, S. 34f]. Dementsprechend gelten sie innerhalb dieser Bereiche als Ware [Rauc03, S. 8] und werden in einer großen Anzahl von Datensammlungen gehalten.

2.1 Suche nach Informationen

Stellvertretend für die Entwicklung des immer reichhaltiger und unüberschaubarer werdenden Informationsangebots steht das *„Interconnected Network"*, kurz *„Internet"*. Durch die Einführung des Internets, revolutionierte sich der Umgang mit Informationen. Indem es über die Jahre zu einer Technologie wurde, die es erlaubt, Daten, Informationen oder multimediale Inhalte zu veröffentlichen und zu verteilen [KoHa07, S.1]. Mittlerweile zählt es zu einer der größten globalen Datenquellen der Welt, die eine große Menge an unterschiedlichen, historisch unabhängig gesammelten und in verschiedenster Form abgelegte Daten enthält. Es stellt ein weltumspannendes Netzwerk dar, das scheinbar zu jedem denkbaren Thema auf einfachste Weise Informationen zum Abruf bereitstellt. [HaNS00, S.12f;Bach06, S.83f]

Schätzungen von Analysten wie die seit 2007 im Auftrag vom EMC unter dem Titel „Digital Universe" jährlich das weltweite digitale Datenvolumen vermessende *IDC*, belegen dieses explosionsartig steigende Datenaufkommen in ihren Studien. Waren es im Jahre 2008 281 Exabyte (281 Milliarden Gigabyte) und im Jahre 2010 800.000 Petabyte, wird der Wert der weltweit verfügbaren Datenmenge für das Jahresende von 2011 mit ca. 1,2 Zettabyte (1,2 Millionen Petabyte oder 1.200 Exabyte) eingeschätzt. Darüber hinaus wird nach Hochschätzungen der IDC-Analysten das explosionsartige Wachstum dazu führen, dass sich die Datenmenge bis 2020 um den Faktor 44 vermehrt und auf runde 35 Zettabyte (35 Milliarden Gigabyte) anschwillt. Um die Datenflut zu bewältigen, müssen nach Ansicht der Analysten neue Suchwerkzeuge, Mittel und Wege zur Strukturierung von unstrukturierten Daten und neue Techniken für das Speicher- und Informationsmanagement gefunden werden.[IDC10][5]

Werkzeuge, die Möglichkeiten einer Dokumentenrecherche unterstützen und der Beschaffung von Informationen zur Verfügung stehen, sind u.a. algorithmenbasierte Suchsysteme, sogenannte Suchmaschinen. Die algorithmische Suche ist ein automatisiertes Verfahren, das im Internet

---

[4] www.informis.de zuletzt aufgerufen 22.03.2011

[5] http://www.emc.com/digital_universe, zuletzt aufgerufen 22.01.2011

vorhandene Dokumente erfasst, bewertet, sortiert und zu den Begriffen der Suchanfrage entsprechend in Beziehung setzt [Lewa09, S.3].

Suchmaschinen sind der meistbesuchte Angebotstyp und ein wichtiges Werkzeug zur Recherche von Dokumenten im Internet und in Unternehmen [Mang07, S.5]. Sie sind zu einem festen Bestandteil des Internet geworden und haben die Schlüsselrolle, die Komplexität des Internets auf eine überschaubare Anzahl von Seiten zu reduzieren [MaBZ07, S.7f]. Sie stellen eine Lösung für die Suchanfrage eines Anwenders dar und sind bemüht möglichst hochwertige Ergebnisse zu liefern. Indem sie versuchen, alle im Internet befindenden Dokumente durch implementierte Verfahren und Algorithmen zu erschließen [vgl. Spec07, S.115]. Dadurch erlauben sie dem Anwender durch Anfragen den zentralen Zugang auf die vernetzte Struktur von Dokumenten, Medien und Linkstrukturen zu erlangen und mit einer Menge von relevant erachteten Ergebnissen zu antworten. Suchmaschinen können anhand ihrer Merkmale in weitere Ausprägungen unterschieden werden. Die Gemeinsamkeiten der gängigen Suchmaschinen liegen zum einen in der Sammlung, Indexierung und Aufbereitung von Dokumenten, mittels einem so genannten „Crawler"[6] für eine Suche innerhalb des Internets. Zum anderen in der Darstellung der Ergebnisse durch ein Ranking-Verfahren, welches die Ergebnisse je nach Suchmaschine unterschiedlich und der Anfrage entsprechend bewertet und sortiert zurückgibt. [Lewa09,S.4ff;Mang07, S.25f]

Zu den weltweit größten und erfolgreichsten Suchmaschinenanbietern gehören Google, Yahoo und MSN. Google gilt als Marktführer und nimmt die Spitzenposition zwischen den besten zehn Suchmaschinen ein[7]. Trotz dieser Vielfalt an Suchmaschinen, fällt es Suchenden dennoch schwer relevante Informationen zu gewinnen, die sich aus einer Vielzahl von potentiellen Quellen oder aus dem Zusammenhang mehrerer Quellen ergeben. Gründe für diese Problematik[8], liegen neben der großen Datenmenge und Dezentralität des Internets auch darin, dass eine Suchmaschine die Relevanz eines Dokumentes automatisch beurteilt. Indem sie zu einer Anfrage entsprechend, die passenden bzw. die relevanten Dokumente findet. Dies gelingt ihr, indem sie Schlüsselbegriffe einer Anfrage in bspw. einem Text identifiziert. Dadurch ergibt sich eine rein syntaktische Suche nach Begriffen. Infolgedessen ist der Zusammenhang der Begriffe für eine Maschine unklar und bewirkt für sie innerhalb der einzelnen Quellen und im Kontext zu anderen Suchbegriffen keine Bedeutung. Dadurch ergibt sich, dass eine bestimmte Information

---

[6] Crawling bezeichnet die Verfügung der Linkstruktur des Internets, um bisher unbekannte Dokumente zu finden, Veränderung an bestehenden Dokumenten festzustellen und gelöschte oder verschobene Dokumente aus dem Index zu nehmen.[Lewa06, S.5]

[7] http://www.webhits.de/, zuletzt aufgerufen 22.01.2011

[8] weitere Gründe können der Literatur [DaSW06, S.140ff] entnommen werden

zwar prinzipiell verfügbar ist, aber es den Suchmaschinen an benötigten Kontextverstand fehlt, um diese Informationen richtig interpretieren zu können [Hitz et al 07, S.10].[9]

2.2 Intelligente Suche nach Informationen

Angesichts dieser Probleme werden im Bereich der IT-Forschung alternative Ansätze diskutiert, die eine weniger stichwortbasierte und mehr inhaltliche Suche führen. Auf diese Weise soll es Maschinen gelingen automatisch bspw. mit strukturierten Zusatzinformationen versehene Webseiten zu verstehen und sinnvolle Schlussfolgerungen ziehen zu können. Indem sie in die Lage versetzt werden gleichlautende, aber unterschiedlich bedeutende, Begriffe zu unterscheiden, Informationen zu ähnlichen Themen zu finden und die erlangten Informationen automatisch auszuwerten. Eine Art der alternativen Suchmaschinen werden als "semantische Suchmaschinen" bezeichnet. Die Idee zu semantischen Suchmaschinen entsprang mit der Vision des Semantic Web. Sie bietet Konzepte die über das einfache Suchkonzept hinausragen und versucht die menschliche Sprache den Maschinen verständlicher zu gestalten.[Lewa09, S.8]

Daher wird in Bezug auf die Aufgabenstellung der Diplomarbeit zunehmend, im nächsten Abschnitt entsprechende und relevante Grundlagen im Bereich des Semantic Web beschrieben.

2.3 Der Weg vom Web zum Semantic Web

Seit Einführung unterzog sich das Internet einem stetigen mehrstufigen Wandel und entwickelte sich kontinuierlich in mehrere Richtungen weiter. Binnen weniger Jahre hat es eine technische Revolution angestoßen, dessen Potential bei weitem noch nicht ausgeschöpft und ein Ende nicht zu ersehen ist. Während das Radio 38 und das Fernsehen 13 Jahre benötigten um 50 Millionen Haushalte zu erreichen, hat das Internet diese Zahl in knapp vier Jahren erreicht [Demm10, S.51].

Das heutige Internet besteht aus einem Netzwerk von Millionen, rund um den Globus verteilten, Rechnern und vielen autonomen Einzelnetzen. Es hat eine dezentrale Struktur bzw. Ausbau und verfügt über keine zentrale Verwaltung.

Die Veränderungen und Entwicklungen der letzten Jahre wurden durch verschiedene Begriffe geprägt. Der heutige Stand des Internet wird mit dem Begriff „Web 2.0" beschrieben [Borc08, S.1]. Der geschichtliche Ablauf, dargestellt in Abbildung 2.1, lässt alle bisherigen und zukünftigen Entwicklungen des Internets nachvollziehen und auch erahnen. Ausgehend der Abbildung

---

[9] Nähere Informationen siehe Anhang A1

wird deutlich, dass während der Entwicklung des Semantic Web, nebenläufig Weiterentwicklungen zum Web 3.0 oder Web 4.0 prognostiziert und diskutiert werden. Eine Vision für die mögliche Ausprägung des Web 3.0 steht mit dem Web 2.0 und Semantic Web in Verbindung und sieht sie in der Kombination von beiden. Genauer sieht sie in der Kombination von Anwendungen des Web 2.0 und Technologien des Semantic Web eine mögliche Zukunft des Internet.[Borc08, S.1]

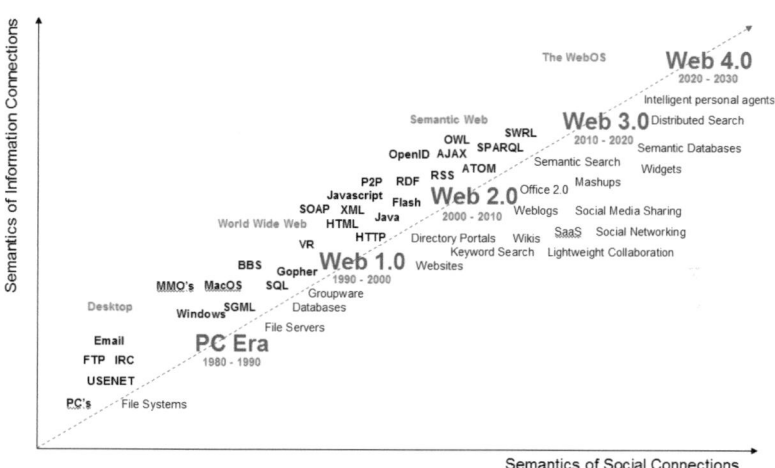

Abbildung 2.1: Prozess der Internetentwicklung[10]

Ausgehend von der Grundidee in den 1960er Jahren besteht ein starkes Interesse für die Technisierung der Kommunikation und das Bedürfnis nach einem vereinfachten Zugriff auf Informationen und Wissen. War das Internet zu Anfangs nur ein Platz für Experten, brachte die Entwicklung des Dienstes „World Wide Web", kurz WWW, Anfang der 1990er Jahre den Durchbruch für den kommerziellen Bereich.

Im WWW kann die verfolgte Grundidee eines globalen Netzwerkes in einer offenen Architektur, die beliebig implementierte lokale Netze auf beliebigen Rechner-Plattformen verknüpfen sollte, wiedergefunden werden. Ursprünglich als verteilter Informationsraum konzipiert, wurde das WWW zu einer Paradeanwendung des Internets und erlangte den Durchbruch. Dieses konnte durch die herstellerunabhängige und plattformübergreifende Nutzbarkeit der angebotenen Informationen erreicht werden [Woeh04, S.3].

Längst gehört das Internet zum Alltag, der zumindest in den Industriestaaten lebenden, Menschen. Ausgehend von der Grundidee hat es sich insbesondere durch die rasante Entwicklung in

---

[10] Quelle: www.radarnetworks.com zuletzt aufgerufen 22.03.2011

weiten Bereichen zu einem mehr oder weniger integrativen Bestandteil der derzeitigen Gesellschaft etabliert [Guet02, S.27].

Das WWW hat den Umgang mit Informationen revolutioniert. Indem es den Übergang und Wandel des Internet vom statischen Web 1.0 ins dynamische Web 2.0 ermöglichte. Waren es früher nur Privilegierten mit Programmierkenntnissen vorbehalten Informationen ins Netz zu stellen, ist es heute jedem Anwender möglich dies mit leichter Handhabung zu erfüllen. Das Web 2.0 ist viel dynamischer und ermöglicht durch neue technische Möglichkeiten eine verändernde Wahrnehmung des Internets. Durch leichteres Hinzufügen von Dokumenten, Bildern, Videos etc., hat der Anwender die Möglichkeit, das Internet aktiv mitzugestalten und ist nicht mehr beobachtend den Ereignissen gegenüberzustehen.

War die Zielsetzung zu Anfang des Internet ein weltweiter Informationsaustausch, hat es sich im Zuge der Entwicklungen zu einer Informations-, Kommunikations- und Unterhaltungsplattform entwickelt, in der die verschiedenartigsten Standards und Datentypen verteilt vorliegen. Die Palette an Online Diensten und den dazugehörigen Funktionalitäten ist lang. Schon heute gibt es Milliarden von Internetseiten und hunderte Soziale Netzwerke [Chan09, S.11]. Heute ist es jedem Menschen möglich, auf leichteste Art und Weise wertvolle und unnötige Informationen im Internet zu veröffentlichen, miteinander zu teilen und auf sie zugreifen zu können.[11]

Das Phänomen Web 2.0 ist mittlerweile bekannt und ermöglicht die Realisierung von verschiedenen Ideen. Es wird mit Schlagwörtern wie Blogs, Wikis, Social Software und Social Networking und mit dem Schaffen von kollektiven Wissen, erstellen und Pflegen von Daten sowie Informationen verbunden. Steigende Benutzerzahlen von Plattformen wie Youtube, Flickr, MySpace etc. und die allgemeinen Trends lassen die Datenmenge ins Unermessliche steigern. Indem User solcher Webportalen täglich über Millionen von Bildern, Videos und andere Daten hochladen.[Henk09, S.3][12]

Neben den festverdrahteten Technologien gibt es einen Boom in der mobilen Internetnutzung. Welches sich mittlerweile in weiten Teilen der Gesellschaft durchgesetzt hat. Einen besonderen Schub für das mobile Internet bringen tragbare Computer, die sich aufgrund ihrer im Vergleich zu den Smartphones größeren Bildschirme besser zum mobilen Surfen, E-Mail lesen oder für datenintensive Anwendungen wie Videostreamings eignen. Der Vorteil der mobilen Endgeräte liegt im Steigern der Möglichkeiten, Dinge gleichzeitig und ortsunabhängig zu tun [Klin09, S.164]. Die steigende Beliebtheit dieses Trends führen ebenfalls zu einem sprunghaften Anstieg

---

[11] nähere Informationen siehe Anhang A2

[12] nähere Informationen siehe Anhang A3

des Datenvolumens. Nach Berechnungen der BITKOM[13] hat sich die in den deutschen Mobilfunknetzen übertragene Datenmenge im vergangenen Jahr auf 70 Millionen Gigabyte mehr als verdoppelt. Dies entspricht dem Inhalt von rund 15 Millionen DVDs.

Anwendern ist es möglich mit ihren mobilen Geräten überall auf unzählige Anwendungen zuzugreifen oder Informationen miteinander auszutauschen und zu verschieben.[14]

Das Internet in seiner derzeitigen Lage weist ein Problem auf, mit dem jeder Anwender spätestens bei einer Suchanfrage konfrontiert wird. Von überall in der Welt erfolgt ein Zugriff auf multimediale Daten. Das Informationsangebot im Internet wächst exponentiell. Ständig werden neue Daten und heterogene Informationsquellen in unstrukturierter oder semistrukturierter Form hinzugefügt. Nie zuvor in der Geschichte der Menschheit waren die Kommunikation von Menschen und der Zugang zu Informationen so leicht wie heute [HoMW08]. Fast alles ist verfügbar und kann, so scheint es, gefunden werden. Doch das Auffinden der gewünschten Information gestaltet sich zunehmend schwieriger als gedacht. Waren es in den Anfängen überschaubare Datenmengen, ist es dem Benutzer heute nicht mehr möglich, im unüberschaubaren und permanent wachsenden Angebot von Informationen trotz deutliche Anzahl von Werkzeugen den Inhalt zu erfassen und oder gezielt nach Informationen zu suchen [Hoff02; Duep09, S.1]. Ohne maschinelle Unterstützung an die gewünschten Informationen zu gelangen. Meist enden Suchanfragen in einer Vielzahl an Ergebnissen oder in einer neuen Anfrage. Je nach Art und Umfang der Recherche sehen sich Nutzer gezwungen, auf mehrere Suchwerkzeugen zugreifen zu müssen, um ihr Informationsbedürfnis zu befriedigen [Mayr07, S.151]. Die Technik stößt an ihre Grenzen, und bedarf an aktiver Beteiligung des Nutzers. Einer Maschine ist es nicht möglich die Informationen zu verstehen [Duep09, S.1]. Netzinhalte werden für den Menschen als verarbeitende Einheit in natürlichsprachiger Form angeboten. Für Maschinen, denen nur der Binärcode als Sprache zur Verfügung steht, sind diese Inhalte nicht verständlich. Des Weiteren können Inhalte nicht von Maschinen in Beziehung gebracht, Zusammenhänge nicht erkannt und berücksichtigt werden. Denn der Mensch ist der Einzige, der die Informationen richtig, verstehen und deuten kann. Dies hat zur Folge, dass die gefundenen Informationsquellen häufig in einem völlig anderen Kontext, als dem durch die Suche beabsichtigten, stehen. Den Maschinen muss daher beigebracht werden, in welchem Kontext Informationen angefordert werden.

Zusammenfassend stellt das Internet eine Menge unorganisierter und nur indirekt zugänglicher Daten bereit, deren Inhalte von Menschen gelesen, verstanden, interpretiert und in Beziehung gesetzt werden können. Suchmaschinen gelingt es zwar eine Unterstützung beim Auffinden

---

[13] www.bitkom.org

[14] Quelle: http://www.bitkom.org/de/themen/54894_66799.aspx, zuletzt aufgerufen am 22.01.2011

relevanter Dokumente anzubieten, doch sind sie nicht in der Lage die in Datenquellen liegenden oder auf Web Seiten präsentierten Informationen zu verstehen. Da diese bislang für Maschinen unverständlich und bedingt nutzbar sind.

In diesem Zusammenhang und dem, des wachsenden Datenvolumens im Internet, gibt es verschiedene Lösungsansätze, die das Ziel verfolgen, die durch Menschen konzipierten Daten maschineninterpretierbar und weiterverarbeitbar zu gestalten. Einer dieser Lösungsansätze versucht Maschinen mittels Metadaten ein Verständnis für die Inhalte des Internets zu geben. Auf diese Weise sollen die Inhalte leichter von Maschinen interpretiert und verarbeitet werden können.[Sist08, S.2;BlPe08, S.2]

In Folge der Entwicklung einer semantischen Ebene ergeben sich, wie in Abbildung 2.2 dargestellt, zwei Richtungen für die Fortentwicklung des Internets. Die erste Entwicklung beschäftigt sich mit dem Ansatz, die bisher nur syntaktisch beschriebenen Daten zusätzlich mit Semantik zu versehen, um diese für eine sinnvolle maschinelle Verarbeitung nutzbar zu gestalten. Die andere Richtung ist die Dynamisierung des statischen Internets durch Webservice Technologien.[Bussler et al. 05; Fensel et al. 07, S.49ff]

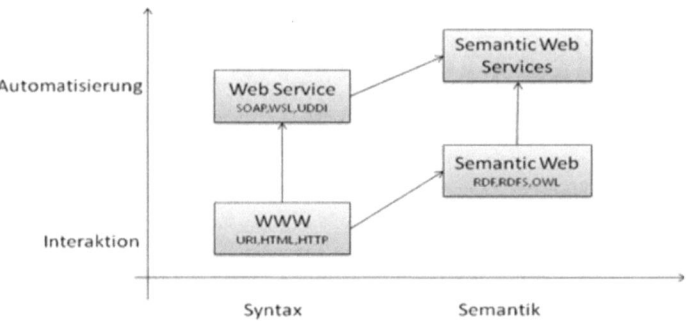

Abbildung 2.2: Entwicklung der Webtechnologien[15]

Die semantische Ebene verfolgt die Idee der Anreicherung der Inhalte von Daten um Meta- bzw. Kontextdaten. Dadurch sind sie im Stande nicht nur durch Menschen verstanden zu werden, sondern auch von Maschinen zumindest soweit erfasst zu werden, dass Automatisierung auch auf der Ebene der Bedeutung möglich wird.[BlPe08, S.2]

Mit Hilfe dieser Zielsetzung gelingt es beispielsweise u. a. Webservices mit einer maschinenlesbaren Semantik zu versehen, um ihre Zusammenarbeit vollständig zu Automatisieren. Aus der Kombination von Semantic Web und Webservice-Technologien entsteht eine weitere Entwicklung, die so genannten "Semantischen Webservices".[Scha04, S.54]

---

[15] Quelle: karakol nach Fensel et al. 07, S.50

2.3.1 Semantic Web

Die Idee erlangte erst durch den Artikel [BeHL01] von u.a. dem WWW-Erfinder Tim Berners-Lee „*The Semantic Web: A new form of Web content that is meaningful to computers will unleash a revolution of new possibilities*", der im Jahre 2001 in der wissenschaftlichen Zeitschrift „Scientific American" veröffentlicht und zu einem Trendthema wurde. Nach dem Artikel ist das Semantic Web :

> „ ... *not a separate Web, but an extension of the current one, in which information is given well-defined meaning, better enabling computers and people to work in cooperation[BeHL01].*"

Darüber hinaus skizzieren die Autoren ihre Vision damit, dass Daten so aufbereitet werden sollen, dass nicht nur Menschen diese lesen können, sondern dass auch Computer in die Lage versetzt werden, diese zu verarbeiten und sinnvoll zu kombinieren [Well09, S.1]. Informationen sollen eine wohldefinierte Bedeutung erhalten, und so nicht nur vom Menschen verstanden, sondern auch von Maschinen interpretiert und miteinander in Beziehung gesetzt werden können [ToMZ08, S.2]. Die Grundlage des Semantic Web bildet das Internet. Nach der vorherigen Definition wird das existierende und bestehende Web nicht abgelöst oder neu definiert, sondern lediglich erweitert. Es gilt vielmehr als ein Konzept und nicht als Technik. Es befindet sich bis heute in der Entwicklungsphase und wird als nächste Generation des Internets verstanden bzw. als eine zweite Stufe in der Entwicklung des WWW beschrieben. Damit ist es nicht „ein" Semantic Web wie beispielsweise im Sinne eines semantischen Netzes innerhalb einer Organisation, sondern lediglich „das" Semantic Web als Erweiterung des bestehenden Internet.[BlPe08, S.20]

Das Ziel des Semantic Web ist es Wege und Methoden zu finden, die es erlauben Informationen im derzeitigen Web so zu repräsentieren, dass Maschinen damit in einer Art und Weise umgehen können, die aus menschlicher Sicht nützlich und sinnvoll erscheinen lässt [Hitz et al 07, S.11]. Dabei werden die im Web verfügbaren Daten mit Semantik in Form von Kontext- bzw. Metadaten angereichert. Dadurch soll das Semantic Web Lösungsansätze für Probleme anbieten, welche das Auffinden relevanter Informationen, die Integration von Informationen aus verschiedenen Quellen und das Problem des impliziten Wissens ergeben [Schi07, S.3]. Es werden Standards eingeführt, die deren Austausch ermöglichen sollen. Methoden zum automatischen Schlussfolgern sollen implizites Wissen erschließen. Wobei das entstehende Verhalten von Systemen in den Augen manchen Nutzer durchaus als intelligent erscheinen kann.[Hitzler et al. 07, S.12ff]

Funktionell schlägt das Semantic Web vor, den Netzinhalten formale Zeichenstrukturen aufzumodellieren. Diese sollen einen Teil der Bedeutung dieser Inhalte syntaktisch repräsentieren, woraufhin diese Repräsentationen zumindest prinzipiell formal bzw. algorithmisch weiterverarbeitet werden können.[BlPe08, S.91] Dadurch liegen Informationen in strukturierter Form vor und können anhand der zugehörigen Beschreibung bzw. Bedeutung leichter gefunden und besser genutzt werden.

Die mit dem Semantic Web assoziierten Begriffe können, wie in Abbildung 2.3 dargestellt, in einer Graphik abgebildet und entsprechend eingeordnet werden.[BrCT06, S.6]

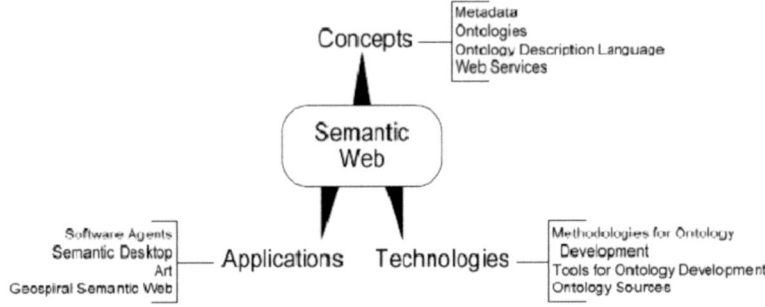

Abbildung 2.3: Themen in Beziehung zum Semantic Web[16]

2.3.2 Semantik im Semantic Web

Durch die Entwicklung des Semantic Web wird versucht nicht nur Daten zu übertragen, sondern auch Bedeutung zu vermitteln. Um Daten mit Bedeutung anzureichern, wird die Semantik hinzugefügt. Der Begriff „Semantik" führt in den verschiedenen Wissenschaftsbereichen zu unterschiedliche Definitionen. Er lässt sich aus dem griechischen "semainein" ableiten und steht für „bezeichnen" oder „bedeuten" [Grue08, S.77]. Im Allgemeinen beschäftigt er sich mit der Frage, wie Sinn und Bedeutung von komplexen Begriffen in einfache Begriffe abgeleitet werden können. In der Linguistik, welche sich mit Sinn und Bedeutung von Sprache bzw. sprachlichen Zeichen befasst und die Bedeutungslehre beinhaltet, befasst sich die Semantik von der Beziehung der Zeichen zum gemeinten Gegenstand.

Nach [Simo71, S.46] sind Computer idiotische Roboter, die Unmengen an Informationen aufsaugen, speichern und ausspucken können, ohne auf die begrenzte Aufmerksamkeit ihrer Nutzer einzugehen. Dies müsste ihnen durch viel Forschung beigebracht werden. Anders als beim Menschen können Maschinen nur Zeichenketten erkennen und suchen daher nach einem Dokument, indem sie die eingegebene Zeichenkette mit dem Ergebnis vergleichen. Ihnen ist es nicht möglich das Ergebnis zu interpretieren oder Zusammenhänge zu verstehen.

---

[16] Quelle: [BrCT07, S.6]

In der Informatik ist es wichtig zu wissen, dass bei der Erstellung von semantischen Systemen, nicht die Semantik selber transportiert werden kann. Da, das was transportiert wird, ein Symbol (Zeichen) ist, welches das semantische Konzept repräsentiert und die Erkenntnis der Bedeutung selber im Bewusstsein des Betrachters entsteht. Daher bezieht im Bereich der Informatik und insbesondere im Bereich des Semantic Web, sich das semantische auf den Sinngehalt. Es wird auf diese Weise die Bedeutung von Worten bzw. Zeichenketten und ihre Beziehungen untereinander verstanden. Damit Lösungsansätze für die Probleme, die sich aus der Fülle der im Internet befindenden Informationen ergeben, bspw. das Auffinden relevanter Informationen, die Integration von Information aus verschiedenen Quellen und das Problem des impliziten Wissens, angeboten werden können. Es werden Standards zur Repräsentation von Information eingeführt, die deren Austausch ermöglichen sollen. Methoden zum automatischen Schlussfolgern sollen implizites erschließen.[Hitzler et al., S. 11ff;DoJe04, S.34]

2.3.3 Prinzipien und Standards des Semantic Web

Für die Erreichung der Vision des Semantic Web, bedarf es an Technologien wie Techniken, Standards und Hilfsmittel. Diese Technologien werden in der Literatur als semantische Technologien bezeichnet. Wobei die eingeführten Standards das Austauschen von Daten ermöglichen. [Hitzler et al. 07, S.19]

Der Unterschied zwischen dem Semantic Web und den semantischen Technologien liegt darin, dass das Semantic Web im Kern auf Standards zur Beschreibung von Prozessen, Dokumenten und Inhalten sowie entsprechenden Metadaten aufsetzt und damit einen Entwurf für das Internet der nächsten Generation darstellt. Semantische Technologien adressieren hingegen Herausforderungen zur Bewältigung komplexer Arbeitsprozesse, Informationsmengen bzw. Retrieval Prozessen und Vernetzungs- oder Integrationsaktivitäten, die nicht nur im Internet, sondern auch innerhalb von Organisationsgrenzen in Angriff genommen werden. Semantische Technologien kommen bereits heute in vielfältiger Weise vor.[BePl08, S.20]

Die semantischen Technologien, können in verschiedene Ebenen und Schichten angesiedelt werden. Sie werden in der Literatur, wie in Abbildung 2.4, als Pyramide dargestellt und nach ihrem semantischen Gehalt angeordnet.

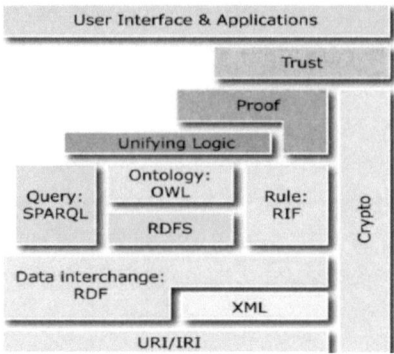

Abbildung 2.4: Architektur des Semantic Web[17]

Auf der untersten Ebene befinden sich der Unicode und das Konzept der URI (Uniform Resource Identifier). Durch die Verwendung des Unicodes wird sichergestellt, dass nationale Besonderheiten in den Zeichensätzen vermieden und die Texte weltweit lesbar bleiben. Die URI dient der Identifizierung von Objekten bspw. einer Internetseite im WWW. Auf der nächsten Ebene finden sich XML, XML-Schemata und das Konzept der Namensräume wieder. Dies dient der Integrierung des bestehenden XML-Standards in das Semantic Web und liefert die Syntax der nächsthöheren Schicht. Informationen über Objekte denen eine URI zugewiesen wurde, können mittels RDF bereitgestellt werden. Gemeinsame Ontologien, die mit Hilfe des RDF's dargestellt und deren einheitliche Verwendung durch das Konzept der Namensräume der zweiten Schicht sichergestellt werden, werden mittels gemeinsamen Ontologien, die als Vokabular fungieren, beschrieben. Die Aufgaben der oberen Schichten (Logic framework, Proof, Trust, Signature), sind bis heute nicht detailliert beschrieben. Sie haben das Ziel, aus den vernetzten Informationen Schlussfolgerungen ziehen zu können und Qualitätsaussagen über vorgefundene Informationen sowie der bereitstellenden Informationsquelle zu ziehen.[Pfuh03, S.106]

Die semantischen Technologien können je nach Einsatzbereich unterschieden werden. Zu ihren Einsatzbereichen gehören nicht nur das Internet, sondern auch Unternehmen. Während im Internet kein besonderer Durchbruch erzielt werden konnte, sind bereits heute zahlreiche Applikationen auf Basis dieser Technologien im unternehmerischen Einsatz. Dabei werden sie schwerpunktmäßig zur Integration heterogener Datenquellen, zur Suche, sowie zum Aufbau elektronischer Ratgebersysteme eingesetzt.[Schn05, S.1291]

Semantische Technologien schließen die Lücke zwischen der Fachsprache der Informatik und den Sprachen ihrer Anwender. Sie ermöglichen verschiedene Begriffssysteme ohne Bedeu-

---

[17] Quelle: http://www.w3c.it/talks/2008/storia/images/layerCake.png, zuletzt aufgerufen 22.03.2011

tungsverlust ineinander zu übersetzen. Damit gelingt es ihnen, ein maschinelles Verständnis von Webinhalten zu schaffen, dass eine automatisierte Informationsintegration, die Interoperabilität von heterogenen Internetanwendungen, die dynamische Komposition von Webdiensten und eine hochpräzise Suche ermöglicht. Semantische Technologien unterstützen den Anwender bei Prozessen, ermöglichen einen höheren Grad an Automatisierung und Wiederverwendung von Informatikdiensten. Durch eine ontologiebasierte Beschreibung von Diensten können auf Anfrage mit Hilfe von automatischen Planungsverfahren Basisdienste zu höheren Diensten kombiniert werden.[WaRa08, S.23]

2.3.4 Semantic Web und Informationsintegration

Obwohl sich mit der Verbreitung des WWW der Zugriff auf weltweit verteilte Informationsquellen erheblich vereinfacht hat, stellt die Sammlung der über das Netzwerk verteilten Informationen und ihre Kombination zu einer sinnvollen Antwort eine große Herausforderung dar. Dieses Problem der Datenintegration ist im Datenbankbereich allseits bekannt und wird mit „Informationsintegration", engl. „Information-Integration" bezeichnet. Hierbei bildet das Internet und Semantic Web nicht nur ein neues Anwendungsgebiet für klassische Techniken der Datenintegration, das einige besondere Anforderungen stellt, sondern trägt mit neuen Technologien auch zur Weiterentwicklung von Integrationsansätzen bei.[Sale03, S.5]

Die Integration verteilter, heterogener Datenbestände verschiedener Informationsquellen stellt seit vielen Jahren ein angestrebtes Ziel und eine der zentralen Aufgabenstellungen im Datenbankbereich dar [Sale03, S.5]. Die Vision der weltweiten Datenintegration in einem Semantic Web wurde seit dem Vorschlag der Autoren vielfach diskutiert, erweitert und modifiziert. Seither arbeiten eine Vielzahl verschiedener Forschungseinrichtungen und Unternehmen an der technischen Realisation. Wobei in den vergangenen Jahren eine Reihe neuer Impulse für die Informationsintegration geliefert wurden. Einigkeit besteht innerhalb der Interessengruppen dahingehend, dass eine Informationsintegration mit Hilfe eines semantischen Datenmodells, bzw. eine Erweiterung des heutigen Webs um eine semantische Ebene, mit Metadaten verwirklicht werden kann. Daher werden sowohl Ansätze zur Indexierung von Netzinhalten, als auch standardisierte und kompatible Technologien zur Erstellung und Anwendung von Metadaten benötigt. Darüber hinaus werden für die Realisierung des Semantic Web hochwertige Wissensrepräsentationsmodelle benötigt, welche das Wissen von Anwendungs- und Interessensgebieten in einer allgemein akzeptierten Form verzeichnen. Um dies Realisieren zu können, bedarf es eines gemeinsamen Vokabulars, dass für die Indexierung im Sinne eines Semantic Web die wesentliche Begriffe und deren Beziehungen zueinander umfasst. Für die Realisierung eines solchen Vokabulars bieten sich Ontologien an.[Well09, S.5f; ToMZ08]

Im Rahmen der im Semantic Web-Initiative entwickelten Techniken *„wie Metamodell- und Ontologiesprache, ontologische Anfragesprachen oder auch Mapping-Techniken basieren einerseits teilweise auf klassischen Datenmodellierungs- und Datenbanktechniken, lassen sich aber andererseits auch für die Informationsintegration gewinnbringend nutzen [SaLe05, S. 5]."*

Da das Internet und dessen Weiterentwicklungen aufgrund der Größe und Vielfalt derzeit über die größten und meisten Anstrengungen bezüglich semantischer Integrationsansätze verfügt, wird daher im weiteren Verlauf dieser Arbeit auf derartige semantische Integrationsansätze und Gegebenheiten im Internet eingegangen und entsprechend zur Zielvorstellung eingesetzt.

2.4 Metadaten

Die am häufigsten zitierte und scheinbar simpelste Definition des Begriffs Metadaten lautet: *„Metadaten sind Daten über Daten"*. Es sind strukturierte Daten, mit deren Hilfe jedwede Informationsressourcen im Internet mit zusätzlichen Informationen wie bspw. Angaben über Autor, Titel oder Zeitpunkt der Veröffentlichung, beschrieben werden. Ihre Aufgabe ist es, ein Informationsobjekt so zu charakterisieren, dass der Sinn von ihnen ausgedrückt werden kann. Der Nutzer, sei es eine Maschine oder der Mensch, soll zu einem gewissen Grad erschließen können um was für Information es sich handelt [Nagy09]. Dadurch werden Information besser auffindbar. Insgesamt Zielen die gegenwärtigen Metadatendiskussionen darauf ab, dass mit ihnen bessere Erschließungs- und Suchmechanismen angeboten werden können.

Im Zusammenhang mit dem Semantic Web werden sie von Tim Berners-Lee als

„Metadaten sind maschinenlesbare Informationen über elektronische Ressourcen oder andere Dinge"[18] *beschrieben..*

Metadaten werden im Semantic Web mittels RDF organisiert und strukturiert [BlPe06, S.11]. Sie sind kein Produkt des neuen Zeitalters, sondern sind schon seit Jahrhunderten in bibliothekarischen Regelwerken im Einsatz. Die Aufgabe der Metadaten in Bibliotheken ist die Unterstützung von Schlüsselfunktionen in einer Bibliothek. Die Schlüsselfunktionen sind das Identifizieren, Erfassen, Management, der Zugriff, die Benutzung und Aufbewahrung [Puglia et al., 04, S.6]. Mittlerweile gibt es verschiedene Möglichkeiten, einer Informationsressource Metadaten zuzuordnen. Daher gilt als Voraussetzung für das Beschreiben von Informationsressourcen, die dadurch besser auffinden lässt und eine Herstellung von Beziehung zwischen den Ressourcen ermöglicht, die Erschließung mit einem gewissen Standardisierungsgrad [BlPe06, S.11].

---

[18] http://www2.sub.uni-goettingen.de/intrometa.html letzter zugriff 22.03.2011

Der Schwerpunkt liegt in dieser Arbeit auf der Verwendung von Metadaten im Zusammenhang mit der Informationsintegration. Daher werden in Konzeptionsteil fortführende Betrachtungen in Verbindung mit der Lösungsidee geführt.

2.5 Terminologie

Da im Alltag Begriffe im Normalfall unscharf sind, muss die Terminologie in Bezug auf eine wissenschaftliche Arbeit möglichst präzise sein. Zu diesem Zweck wird in diesem Abschnitt eine Klärung und Abgrenzung, der für diese Arbeit relevanten Begriffe, beschrieben.

2.5.1 Integrationsbegriff

Der Begriff *„Integration"* findet in unterschiedlichen wissenschaftlichen Disziplinen, wie Mathematik, Philosophie, Soziologie oder Informatik Verwendung [Pert90, S.8].Er stammt aus dem Lateinischen *„integratio"* und wird im Allgemeinen als die *„(Wieder-) herstellung eines Ganzen"* oder *„Einbeziehung, Eingliederung in ein größeres Ganzes"*, durch Vereinigung oder Verbinden logisch zusammenhängender Teile oder Einordnung eines Gliedes in ein Ganzes bezeichnet.[Bert91; HeRo98, S.276; Drosdowski et al. 99, S.572]

Damit ist die Integration als das Aufnehmen von Verschiedenem in ein übergeordnetes Ganzes zu verstehen. Wobei die einzelnen Bestandteile nicht in dem Ganzen aufgehen, sondern eine neue Einheit auf einer anderen Abstraktionsebene bilden.[Bert91, S.364]

Die Integration von Informationen verschiedener Informationsquellen ist ein angestrebtes Ziel verschiedener Bereiche u.a. der Informatik. In der Informationstechnologie beschränkt sich die Integration nicht nur auf den möglichst schnellen und sicheren Nachrichtenaustausch zwischen Computern. Sondern wird in verschiedenen Formen unterschieden, die wie in Abbildung 2.6 dargestellt, entsprechend der Granularität hierarchisch aufgeteilt werden können. So wird unterschieden in:

- Datenintegration, bei der ein Datenbestand von mehreren Informationsquellen zusammengeführt wird.
- Funktions- und Prozessintegration, bei der die einzelnen Anwendungen entlang der Arbeitsabläufe kombiniert werden.
- Präsentationsintegration, bei der auf eine einheitliche Gestaltung der Oberflächen der Anwendungen anstrebt.[vgl. Wach03, S.1]

Trotz unterschiedlicher Anforderungen hinsichtlich der zu integrierenden Kriterien, ist in jeder Integrationsebene eine Abstimmung der Semantik der Daten notwendig [Lohs03, S.18].

Die Unterteilung nach einem Integrationsgegenstand erfolgt nach der Vorgehensweise der Integration. Zunächst kann zwischen horizontaler und vertikaler Integration unterschieden werden. Während bei der horizontalen Integration zwei Systeme auf gleicher Ebene miteinander interagieren, indem sie die angebotenen Schnittstellen nutzen, wird bei der vertikalen Integration hingegen eine globale Sicht auf mehrere lokale Systeme erzeugt. Im Gegensatz zur horizontalen Integration werden hierbei neue Funktionalitäten bzw. Daten erzeugt und angeboten. Dadurch kann eine weitere Unterscheidung zwischen der materialisierten Integration und virtuellen Integration stattfinden. Während bei der materialisierten Integration die Daten redundant an globaler Stelle vorgehalten werden, sind bei der virtuellen Integration ausschließlich Metadaten global abzulegen.[Boeh06, S.7]

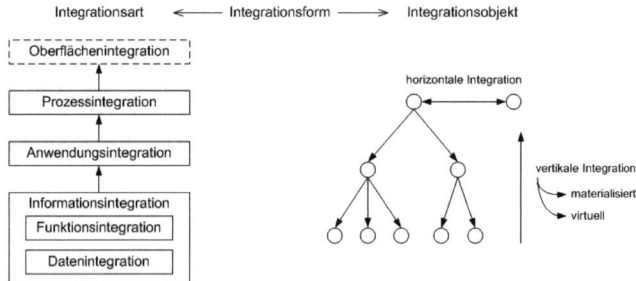

Abbildung 2.5: Dimensionen der Integrationsformen[19]

Die allgemeinen Ziele der Integration lassen sich auf die Integration unterschiedlich strukturierter Daten übertragen und sind nach [Lohs03, S.11]:

- bessere Informationsversorgung
- Einsparung von Ressourcen
- Reduktion des Datenerfassungsaufwand
- Vermeidung von Inkonsistenzen der Daten
- Erhöhung der Datenqualität und -integrität
- Erhöhung der Aktualität der Daten
- große Verfügbarkeit

Das Fundament dieser Formen stellen die Prinzipien der Datenintegration dar, da sie historisch gesehen den anderen Formen gegenüber eine längere Tradition aufweist. Im Wesentlichen lassen sich für den chronologischen Aspekt der Entwicklung von Integrationsarchitekturen vier Epochen, wie in Abbildung 2.6 dargestellt, identifizieren[20].

---

[19] Quelle: [Boeh06, S.7]
[20] nähere Beschreibung in [Boeh06, S.8]

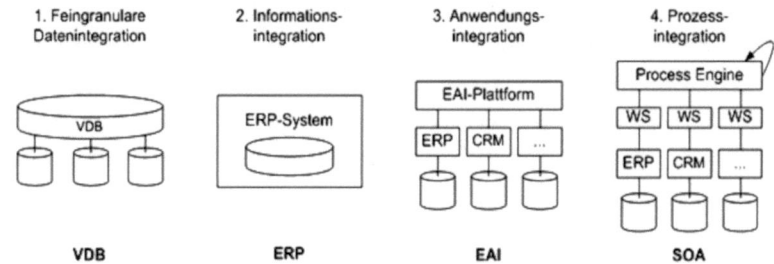

Abbildung 2.6: Integrationsepochen[21]

Datenintegration wird allgemein als ein Synonym für den Begriff „Informationsintegration" verwendet [LeNa07]. Sie basiert auf einer Abbildung von Informationen der Informationsquellen auf die Information einer Anwendung [Wach03, S.ix] und erfordert die einheitliche Verwaltung aller von Anwendungen benötigten Daten [HeSK05, S.5]. Ihr Ziel ist es, den Zugriff auf eine Reihe bestehender Informationssysteme durch ein zentrales, integriertes Informationssystem zu steuern, damit eine einheitliche Sicht auf die Datenquellen zur Verfügung steht [LeNa07]. Während einer Datenintegration müssen mögliche Integrationskonflikte entdeckt und beseitigt werden. Die Integrationskonflikte die sich aufgrund der Vielfältigkeit der bestehenden Informationsquellen ergeben können, werden in strukturelle und semantische Heterogenitätsprobleme und Inkonsistenz- und Redundanzprobleme unterschieden. Als Grundlage für diese Konflikte können semantische Heterogenitätsprobleme angesehen werden. Erklären lässt sich dies mit dem Integrationsprozess, der hauptsächlich auf der Ebene der Semantik stattfindet und deshalb Probleme auf der semantischen Ebene liegen.[Wach02, S.1ff]

Folglich liegt die Hauptherausforderung bei der Informationsintegration in der Überwindung der semantischen Heterogenität. Ansätze für die Überwindung dieses Konflikts, basieren auf der Annahme, dass der Diskursbereich so genau spezifiziert wird, dass semantische Heterogenität durch logische Inferenz in einem formalen Modell überwunden werden kann. Durch die semantische Beschreibung von Informationen soll die Identifikation semantisch äquivalenter Informationen und die unterschiedlichen Identifikationen offenbart werden. Die semantische Beschreibung von Informationen wird in drei generellen Arten unterschieden: Ontologiebasiert, Kontextbasierte und Relationsbasierte Integrationsansätze.[Wach02, S.59f]

> *„Die semantische Integration ist die Ermittlung von Inhalten mit gleicher Bedeutung voneinander abhängigen bzw. miteinander in Beziehung stehenden Inhalten in unterschiedlichen Datenobjekten. Sie ist unabhängig von der technologischen Realisation der Integration [Lohs03, S.1]."*

---

[21] Quelle: [Boeh06, S.8]

Das Ziel dieser Arbeit ist es, den Zugriff auf Informationen aus einer Reihe bestehender Informationsquellen durch eine zentrale einheitliche, ontologiebasierte Schnittstelle für Benutzer zu ermöglichen. Daher muss nach einer Lösung gesucht werden, die die Aufgabe übernimmt, Daten aus allen verfügbaren Informationsquellen mit einer Anwendung zu vereinen. Gelingen soll dies mit Hilfe von semantischen Technologien, die den Zusammenschluss einer Menge von Datenquellen ermöglicht und somit die Integration von Informationen erreicht.

Um das Ziel dieser Arbeit zu erreichen und der Anforderungen an Integration gerecht zu werden, wird versucht eine Lösung mit Minimalbestandteilen zu erarbeiten. Zu diesem Zweck ist ein semantisches Datenmodell notwendig, welches u.a. die Integration von Informationen mit gleicher Bedeutung und voneinander in Beziehung stehenden Informationen in unterschiedlichen Daten ermöglicht. Nachfolgend soll beschrieben werden, wodurch die Integration von Informationen gekennzeichnet ist. Voraussetzung dafür ist zunächst die Klärung des Begriffs „Information".

2.5.2 Was ist Information

Sprachtymologisch leitet sich „Information" vom lateinischen „informatio" ab und bedeutet „einformen". Demgemäß schenkt sie etwas eine Form oder Gestalt, indem sie es darlegt, erläutert oder erklärt. Im allgemeinsprachlichen Gebrauch ist die Information, eine gegenwarts- und praxisbezogene Mitteilung über Dinge, die einem Menschen im Augenblick zu wissen wichtig ist. Damit lastet dem Ausdruck „Information" etwas Geschäftsmäßiges, rein Nützliches und Eintragungsfreies an.[Seif70, S. 24ff]

Eine allgemein akzeptierte Definition von Information lässt sich in der Literatur nicht finden. Vielmehr hat jede Disziplin ihren eigenen Blickwinkel entwickelt, die zahlreiche Ansätze zur Definition hervorbrachte. In der Gesellschaft ist Information eng mit den Begriffen „Wissen" und „Daten" gekoppelt [Bode05, S.123] und wird im alltäglichen Sprachgebrauch intuitiv verwendet. Infolgedessen wird der Begriff „Wissen" meist mit den beiden Begriffen Information und Daten als synonym verwendet. Informationstechnisch besteht zwischen Wissen, Information und Begriff ein hierarchischer Zusammenhang [Krcm10, S. 11]. Ein Versuch einer Hierarchisierung dieser drei Begriffe verläuft in der Praxis meist in Übergängen zwischen den zahlreichen Definitionen. Allen Gemein ist, dass sie Wissen von Information und Daten unterscheiden bzw. abgrenzen.

Eine erste Annäherung an den Informationsbegriff erlaubt die klassische Unterscheidung zwischen Wissen, Daten und Informationen.

Abbildung 2.7: *Handlungstheoretische Abgrenzung des Wissensbegriffes*[22]

In der Abbildung 2.7 dargestellt, beschreibt der Verlauf des Pfeils einen idealtypischen Prozess der Entwicklung von Wissen. Entsprechend der Abbildung lässt sich erkennen, dass die Begriffe aufeinander aufbauen. Demzufolge gibt es ohne Daten keine Informationen und ohne Informationen kein Wissen. Dabei referiert der Begriff Datum bzw. Daten auf die menschliche Fähigkeit, Unterschiede und somit Entitäten wahrzunehmen. Der Informationsbegriff bezieht sich hierbei auf die Möglichkeit, Daten zu analysieren, zu ordnen und ihnen eine Bedeutung zu verleihen. Der Wissensbegriff bezeichnet das Potential, Informationen bezüglich bestimmter Aufgaben oder Situationen im Handeln zur Gestalt zu integrieren und ihnen damit einen Sinn zu geben.[DeDW99]

Der Abbildung entnehmbar, entsteht Wissen in einer stetigen Schleife aus Erleben und Reflektieren, in der das eine ohne das Andere nicht möglich ist. Es ist keine Ressource, die aus Daten und Informationen gleichsam durch eine Veredelung zu gewinnen ist. Die Möglichkeit, Wissen umgekehrt in Informationen oder Daten zu transformieren ist ebenso wichtig. Denn erst diese Umwandlung in Information macht Wissen kommunizierbar und erst die Ebene der Daten macht es systematisch rekonstruierbar bzw. überprüfbar. Damit sind Daten und Informationen explizite und vermittelbare Träger von Kultur. Nur so lassen sich mit dem Begriff des Wissens sowohl individuelle als auch organisationale Lernprozesse beschreiben.[Bend09, S.90]

Ein weit verbreitetes Definitionsmodell basiert, wie in Abbildung 2.9 dargestellt, auf einer sog. Begriffshierarchie bzw. -pyramide. Diese stellt die Hierarchie der voneinander getrennten Begriffe (Zeichen, Daten, Information und Wissen) dar. Die Hierarchie verläuft innerhalb der

---

[22] Quelle: [DeDW99]

Pyramide von unten nach oben. Demnach bilden Daten die Basis und Wissen die Spitze der Hierarchie. Als Bausteine von Daten werden Zeichen in der Abbildung ergänzt.[Eber03, S.4f]

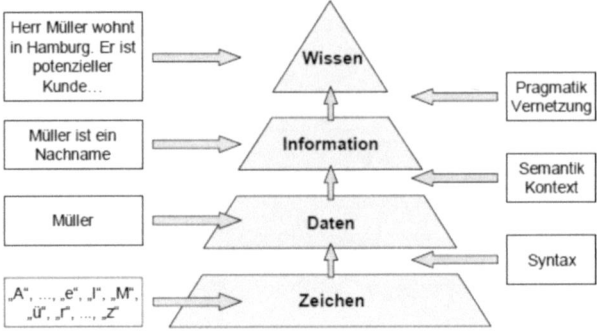

Abbildung 2.8: Begriffshierarchie[23]

Daten sind Zeichen mit Syntax. Sie sind einfache Zeichen eines Zeichenvorrats, die einer frei wählbaren Syntax und den zugehörigen Syntaxregeln unterliegen. Dies kann bspw. ein natursprachliches Wort „Universität" oder eine Zeichenkette in Form einer Bitfolge „0010100101", die ein Computer als einziges versteht, sein. Sie werden zur Information, wenn ihnen eine Bedeutung (Semantik) zugeordnet wird [Fors99]. Informationen sind daher Daten in Zusammenhängen, deren Bedeutung für einen Benutzer dieser Informationen sinnvoll ist. Sie unterscheiden sich somit von Daten, indem sie zu Daten noch einen Kontext enthalten. Es wird einem Datenbegriff, eine Vorstellung aus der realen Welt oder theoretischer Art assoziiert. Wodurch dieser einen Verwendungszweck zu einem Nutzer sowie eine gegebenfalls induzierte Handlungsrelation besitzt [PiRe91, S.252]. Dadurch werden Daten zu Symbolen, d. h. Platzhalter für Betrachtungsgegenstände, so genannte Konzepte. Auf das Wort „Universität" bezogen, kann es als ein Gebäude vorgestellt werden, das als Hochschule für verschiedene Wissenschaften verstanden wird. Nach verbreiteter Auffassung entsteht Wissen insbesondere durch Verknüpfung von Informationen [Bode05, S.1].Somit ist Wissen an Menschen gebunden und beschreibt Informationen im Erfahrungskontext, die bereits vorhanden und gespeichert in Form von Erfahrungsmustern als Wissen vorliegen. Es stellt eine spezielle Form von Informationen dar. Indem das Individuum im Stande ist, aus bereits gewonnenen (Vor-)Wissen und der neuen Information Schlussfolgerungen zu treffen bzw. zu verknüpfen.[Bode05] Folglich umfasst Wissen die drei wesentlichen Bereiche: Erfahrungen, Fakten und Werte [Fuch01, S. 240].

---

[23] Quelle: [Bode05, S.1]

Neben der Hierarchie von Daten, Information und Wissen ist es ebenfalls möglich, die drei Begriffe durch ein Kontinuum mit Daten und Wissen als Endpunkte zu differenzieren. Abbildung 2.9 zeigt eine Auswahl von Deskriptoren, mit deren Hilfe Daten auf der einen Seite von Wissen auf der anderen Seite zu unterscheiden sind.[PrRR97, S. 7].

Daten	Information	Wissen
unstrukturiert	←——→	strukturiert
isoliert	←——→	vernetzt (verankert)
kontextunabhängig	←——→	Kontextabhängig
geringe Verhaltenssteuerung	←——→	hohe Verhaltenssteuerung
Zeichen (Einzelsymbole)	←——→	Kognitive Handlungsmuster
Ausprägung	←——→	Fähigkeit

Abbildung 2.9: Differenzierungsmerkmale[24]

Daten, Informationen und Wissen sind wertvolle Ressourcen, die geplant, organisiert und verwertet werden müssen [Bode05]. Damit Informationen und Wissen ausgetauscht werden können, bedarf es einer Kommunikation. Um eine Kommunikation beschreiben zu können, existieren in der Linguistik verschiedene Modelle. Eines dieser Modelle kommt aus dem Bereich der Semiotik, die sich mit der Theorie der Zeichen, Zeichensysteme und Zeichenprozesse beschäftigt.

Die Semiotik wird als Oberbegriff für die drei Teilgebiete Syntax, Semantik und Pragmatik verstanden. Alle drei sind für die Datenmodellierung von Contenteinheiten von großer Bedeutung [BlPe06, S.53]. Eine Veranschaulichung der Semiotik wird durch das sogenannte semiotische Dreieck bzw. dem „Bedeutungsdreieck" realisiert, dass das Zusammenspiel zwischen Symbolen oder Wörtern, Gedanken und realen Dingen der Welt beschreibt [Kosc07, S. 10].

---

[24] Quelle: karakol nach [Bode05, S.2; PrRR97, S. 36]

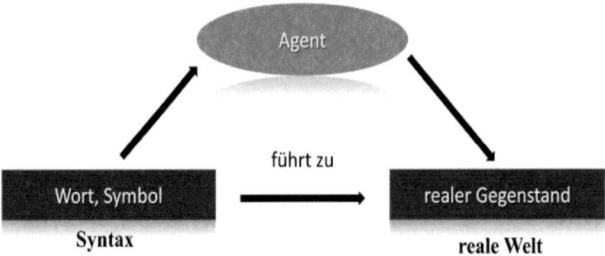

Abbildung 2.10: Bedeutungsdreieck[25]

Damit eine Kommunikation im Alltag und intuitiv geschehen kann, bedarf es einem Kommunikationsmittel. Eines dieser Kommunikationsmittel kann als die von den Menschen genutzte Sprache verstanden werden. Bei dem Gebrauch der Sprache können Kommunikationsprobleme wie bspw. sprachliche Missverständnisse, ausgelöst durch unterschiedliche Vokabularien entstehen, die auf das verschiedene Verständnis der Bedeutung der gewonnenen Information zurückzuführen sind.[Kosc07, S. 10]

Auch wenn die Beteiligten, sei es ein Mensch und/oder Maschine, über das gleiche Vokabular verfügen, kann noch nicht sichergestellt werden, dass die Bedeutung der ausgetauschten Informationen auch verstanden werden. Eines dieser Ursachen kann unterschiedliches Hintergrundwissen der Beteiligten zu der erworbenen Information sein, so dass das Wort (Daten) zwar bekannt ist, aber mit anderen Bedeutungen in Verbindung gebracht und die Information falsch verstanden wird.[Stud01, S.39; Kosc07, S. 10]

Die Funktionsweise des semiotischen Dreiecks ist nun wie folgt zu verstehen:

Das semiotische Dreieck illustriert die Interaktion zwischen Worten, Begriffen und der realen Welt [MSSS01, S.1]. Es besteht eine indirekte Beziehung zwischen einem Wort und dem Gegenstand auf den es sich bezieht. Diese Verbindung wird nur dadurch hergestellt, indem ein Akteur das Wort verarbeitet, wodurch bei ihm eine bestimmte Bedeutung des Wortes hervorgerufen wird. Dieser Bedeutung bringt er einen bestimmten Gegenstand oder Sachverhalt aus der realen Welt in Verbindung. Dadurch wird dem Akteur klar, dass ein Zusammenhang zwischen dem Wort und der Bedeutung zu einem realen Objekt besteht. Ebenso kann die indirekte Verbindung zwischen dem Wort und realem Gegenstand allenfalls subjektiv eindeutig sein. Damit ist sie vom Verarbeitungsprozess des Akteurs abhängig.[Stud01, S.2ff;MSSS01, S.1f]

---

[25] Quelle: karakol nach [Stud01 S.3]

Da die menschliche Kommunikation, die zunächst intuitiv und einfach erscheint, ein komplexes Geflecht aus Beziehungen zwischen Objekten und Symbolen ist, muss das Ziel ein gemeinsames Verständnis und folglich das Ausschließen bzw. Beheben von konzeptuellen und terminologischen Verwirrungen und Unklarheiten sein [Kosc07, S.10]. Dies gilt ebenfalls für die Kommunikation von maschinellen Akteuren untereinander, und zwischen Mensch und maschinellen Akteuren. Mit der Verwendung von Ontologien kann dieses Ziel, auch wenn nie vollständig erreichbar, näher gebracht werden [Stud01, S.39]. Indem Ontologien der Verbesserung der Kommunikation zwischen menschlichen und maschinellen Akteuren dienen. Wobei sich die Akteure, sei es Mensch oder Maschine, mit oder ohne Ontologie, in einer Kommunikationssituation befinden, deren Eigenschaften durch das zuvor vorgestellte semiotische Dreieck aufgezeigt werden kann.

Im Kontext zu dieser Arbeit, wird festgehalten, dass Wissen aus der Verarbeitung von Informationen durch das Bewusstsein resultiert und von Individuen zur Handlungssteuerung bzw. zur Lösung von Problemen verwendet wird. Entscheidend für den Wert des Wissens ist die semantische Anreicherung zwischen dem Speichernden und wieder auslesenden System. Um semantische Konflikte vermeiden und die Wiederverwendbarkeit sicherstellen zu können, bedarf es eines Konsens in der Verwendung gleicher Symbole, der Zuordnung der Symbole und Beimessung derselben Bedeutung von Konzepten [Bode05, S.123].

Zeichen sind Elemente zur Darstellung von Informationen. Informationen sind Daten, die unter einem spezifischen Aspekt betrachtet werden und sind gebunden an ein Medium als Träger [Steff01, S.28]. Daten bestehen aus nach bestimmten Regeln erzeugten Zeichen oder Zeichenfolgen zum Zweck der Übertragung, Verarbeitung und Speicherung gebildeter und logisch gruppierter Informationen. Genauer können Zeichen aus „Numerischen" Daten, die sich aus numerischen Ziffern und eventuell einem Vorzeichen bestehen oder aus „Alphabetische" Daten gebildet werden. Wobei Alphanumerische Daten aus beliebigen Zeichen wie bspw. Ziffern, Buchstaben und Sonderzeichen gebildet werden.[Wern07, S.64]

Zum Zweck der Übertragung oder Weitergabe von Informationen werden diese auf Nachrichten reduziert. Nachrichten sind Daten, die zum Zweck der Weitergabe von Informationen übertragen werden. Die reine Übertragung der einer Nachricht zugrundeliegenden Zeichen wird als Kommunikation bezeichnet [Steff01, S.28]. Der für die Kommunikation benötigte Zeichenvorrat stellt eine Syntax dar, die eine Menge vereinbarter Elemente bzw. ein linear geordnetes Alphabet darstellt. Ein Alphabet ist eine endliche, nichtleere Menge von Zeichen bestehend aus Symbolen.

Das Konzept der Arbeit greift Ideen zu Ontologien und semantischen Technologien auf, um die Bedeutung von Informationen zu erhöhen und die Bildung eines Konsens für eine Kommunikation zu ermöglichen. Informationen werden als Nachrichten aufgefasst, über deren Wert der Informationssuchende bzw. Empfänger entscheidet. Sie bestehen aus Zeichen, die zu Informationen und zum Zweck der Weitergabe gebildet werden. Informationen sind die Kenntnis von konkreten Sachverhalten oder Vorgängen. Mit dem Anreichern der Informationen mit Semantik, werden semantische Informationen für das Alphabet einer Kommunikation geliefert.

3 Ontologien

Bereits Einleitend in der Zielsetzung beschrieben, steht im Fokus dieser Arbeit die Vereinheitlichung und Strukturierung des Zugriffs auf heterogene Daten. Mittels der Verwendung von Ontologien soll es gelingen einen effizienten Zugang zu verschiedensten Arten von Informationen zu ermöglichen und verfügbares Wissen einem Benutzer in einer passenden Weise strukturiert und repräsentativ bereitzustellen. Mit Hilfe dieses semantischen Ansatzes soll eine Möglichkeit für verschiedene Szenarios bereitgestellt werden, die relevante Informationen einem Benutzer bestmöglich zur Verfügung stellt und präsentiert.

Dieses Kapitel widmet sich der Darlegung des Themenbereichs "Ontologie". Indem eine grundlegende Beschreibung zu Ontologien gegeben wird. Dabei werden auf die Definitionen, Bestandteile und Klassifizierungen von Ontologien eingegangen. Dem Folgend werden Modellierungswerkzeuge und –sprachen, mit denen eine Ontologie modelliert und aufgebaut werden kann, vorgestellt. Im Verlauf dieses Kapitels werden der Nutzen, die Eigenschaften und Potentiale von Ontologien erläutert, um die wesentliche Frage für das Interesse zu Ontologien für eine Schnittstelle klären zu können.

3.1 Was ist eine Ontologie?

Ontologien erfahren seit Jahren ein enormes Interesse in Wissenschaft und Praxis. Im Bereich der Informatik haben sie sich weit verbreitet und werden in verschiedenen Bereichen verwendet. Zudem sind sie der Mittelpunkt des Interesses aktueller Forschungen. Adaptiert von der künstlichen Intelligenz als alternative Repräsentationsstruktur von Wissen, finden sich Ontologien ebenso in Bereichen wie dem Knowledge Management wieder. Dabei fällt es schwer eine explizite Definition zu dem Begriff und des dahinterliegenden Konzepts anzugeben. Dies hat den Grund, dass ein breites und heterogenes Verständnis für Ontologien vorhanden ist. Als Beispiel kann unter dem Begriff „Ontologie" ein ganzes Spektrum von Konstrukten für unterschiedliche Zielsetzungen verstanden werden [Obrs03;GaHP08, S.53]. Dieses Ontologie-Spektrum beginnt bei Konstrukten mit schwacher Semantik, wie einer Menge von logischen Axiomen über die beabsichtige Bedeutung eines Vokabulars und reicht über Taxonomien und Thesauri hin zu komplexen Begriffssystemen am semantisch reichen Ende des Spektrums [GaHP08, S.53].

Der Begriff "Ontologie" hat seinen Ursprung aus dem Mittelalter und reicht bis in die Antike zurück. Er wurde in der Philosophie geprägt, kommt aus dem griechischen und setzt sich aus den Wörtern „Ontos" und „Logos" zusammen. Hierbei steht "Ontos" für den Begriff des „Seins", und "Logos" für das „Wort" oder für die „Abhandlung". Eine erste Unterscheidung kann anhand der Herkunft des Begriffs erfolgen. Daher werden in den beiden folgenden Unterabschnitten die Begriffsentwicklung in der Philosophie und die Begriffsdefinitionen aus dem Bereich der Informatik gegeben.

3.1.1 Ontologie in der Philosophie

Die ursprüngliche Bedeutung des Begriffs stammt aus der Philosophie und wurde zum ersten Mal im 17. Jahrhundert in der Arbeit *„Ogdoas Scholastica"* von Jacob Lorhard verwendet. In seiner Arbeit baute der Autor eine Ontologie auf, die inhaltlich eine protestantische Sicht auf die Welt des frühen 17. Jahrhundert darstellt. Mit der Aufnahme in das Lexikon *philosophicum* durch den Philosoph Rudolf Goclenius (Göckel), wurde mit diesem Begriff ein Teilgebiet der Metaphysik *„metaphysica generalis"* bezeichnet. Durch diese Zuordnung wurde eine Abgrenzung zu dem anderen Teil der Metaphysik „methaphysica specialis" geschaffen, in der sie die Prinzipien des Seins beschreibt.[Bach10, S.27ff]

Als Teil der Metaphysik beschreibt die Ontologie eine sinnlich nicht erfahrbare Welt und verborgene oder vermutete Dinge, die hinter den Wahrnehmungen von Menschen existieren könnten [Kosc07, S. 11]. Sie gilt als Lehre für das Sein und baut im Zusammenhang der Dinge in der Welt der Menschen auf die Lehre *„Die Wissenschaft vom Seienden."* von Aristoteles auf [GoFC04].[26]

Eine passende Definition in diesem Zusammenhang kommt von Guarino und beschreibt eine Ontologie als:

> *„... philosophical discipline, branch of philosophy that deals with the nature and the organisaton of reality[Guar98]."*

Allgemein wird in der Philosophie unter dem Begriff „Ontologie" eine Teildisziplin verstanden, die abstrakte philosophische Zusammenhänge, wie einen Abschnitt betreffend der Natur und der Beziehung des Seins oder eine bestimmte Theorie über die Natur des Seins bzw. die Arten von Existenz beschreibt.

3.1.2 Ontologie in der Informatik

Die Informatik verwendet den Begriff anders. Im Bereich der Informatik wurde der Begriff 1967 zum ersten Mal von S. H. Mealy bei seiner Arbeit über Grundlagen der Datenmodellierung verwendet. Verbreitung fand dieser jedoch erst in der Forschung über die Künstliche Intel-

---

[26] Weitere Informationen zur Historie des Begriffs können bei [Meix04],[Smit00] und [Rehf03] entnommen werden.

ligenz in den 1990er Jahren. Besonderen Entwicklungsschub und weltweites Interesse in der Informatik fanden Ontologien durch die Vision des Semantic Web [BeHL01]. Der große Unterschied im Gegensatz zur Philosophie liegt darin, dass in der Philosophie nur die eine Ontologie existiert und eine Disziplin darstellt. Wobei im Bereich der Informatik der Begriff „Ontologie" im Plural verwendet wird [Hess02]. Dies resultiert aus der Vielzahl der möglichen Domänen und ihren jeweils eigenen Terminologien [Hess02]. Genauer wird eine Ontologie in der Informatik als ein Artefakt betrachtet, dass in der Regel an eine Domäne gebunden ist und sich mit deren Struktur beschäftigt.[Bach10, S.31f; BlPe08, S.4]

Dahin führt eine Grundannahme der KI. In der die Form von Wissen in Form von mentalen Modellen vorliegt [Sowa84]. Ein Mensch verwendet diese mentalen Modelle um sich in der Umwelt zurecht zu finden, sie zu verstehen und beherrschen zu können. Hierbei kann ein Modell verschieden aufgefasst werden, wobei Modelle so verschieden sie auch sind, zwei Gemeinsamkeiten haben.

- Es handelt sich um Vereinfachungen und um Abstraktionen der Realität.
- Es handelt sich um die Übertragung von Wissen in ein Medium, das mechanische Simulation erlaubt. [StNe99, S.1]

Dabei gehören zu einem Modell,

- *die Bestimmung der Dinge (physikalische Größen, soziale Faktoren oder die Objekte und deren mögliche Zustände), die in das Modell eingehen, sowie*
- *die Zusammenhänge zwischen diesen Dingen (physikalischen Gesetze, soziale Bindungen und Abhängigkeiten oder die Beziehungen, in denen Objekte zueinander stehen) [StNe99, S.1].*

Ontologien beschäftigen sich mit den Grundlagen der Explikation von mentalen Modellen. Damit diese auf einen Rechner übertragen werden können. Um das Wissen zu explizieren und zu übertragen, gebraucht der Mensch als Ausdrucksmittel eine Sprache in der aus einem mentalen Modell ein Modell formuliert wird. Die Sprache stellt einen Formalismus dar, in dem außerhalb eines Kopfes das vollbracht werden kann, was normalerweise innerhalb desselben abläuft, egal ob "zu Fuß" auf einem Blatt Papier oder automatisch durch eine Maschine.[StNe99, S.1ff]

Eine Darstellung dieses Zusammenhangs, soll mit Hilfe der Abbildung 3.1 geschehen.

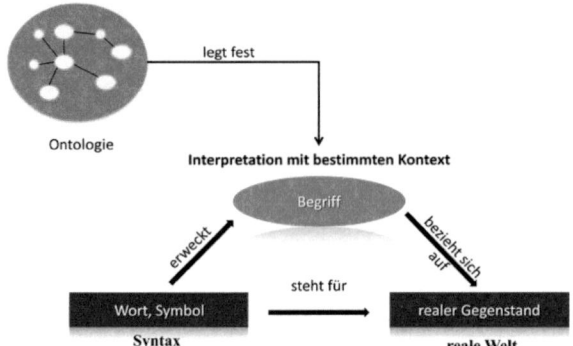

Abbildung 3.1: Formalisierung einer Ontologie[27]

Im Gegensatz der philosophischen Anlehnung wird im Bereich der Informatik, das Seiende als Gegeben hingenommen. Dadurch spielen grundsätzliche Erwägungen über dessen Ursprünge oder Bedingungen kaum eine Rolle. Weiterhin zielen jegliche Beschäftigungen in der Informatik auf folgende Beschreibung ab:

„Ontologies provide a shared and common understanding of a domain that can be communicated between people and application Systems[Hens00, S.1]. "

"The role of ontologies is to capture domain knowledge in a generic way and to provide a commonly agreed upon understanding of a domain. The common vocabulary of an ontology, defining the meaning of terms and their relations, isusually organised in a taxonomy and contains modelling primitives such as classes, relations, functions, and axioms." [MSSS00]

Folglich werden in der Informatik Ontologien als konzeptuelle Formalisierung von Wissensbereichen und Begriffssystemen verwendet. Sie ermöglichen ein gemeinsames Begriffs-und Strukturverständnis eines Bereiches um einen zweckgebundenen Konsens bezüglich des Wissensbereichs zu spezifizieren. Indem eine standardisierte Terminologie, bestehend aus einem Vokabular, sowie Beziehungen zwischen Begriffen für ein Wissensbereich modelliert wird. Damit ein Austausch von Dingen und Vorgängen über diesen Bereich erfolgen kann.[StOS01]

3.1.3 Definitionen in der Informatik

So vielfältig die Einsatzmöglichkeiten von Ontologien in der Informatik sind, so unterschiedlich fallen mittlerweile ihre Definitionen aus. Meist wird unter Ontologien ein Meta- oder Datenmo-

---

[27] Quelle: karakol nach [Unte01, S.9]

dell verstanden, das eine Menge von Konzepten eines Fachbereichs und deren Beziehung beschreibt.[GaHP08, S.53] Eine der wohl bekanntesten und wichtigsten Definition unter ihnen stammt von Gruber und besagt, dass unter einer Ontologie eine Spezifikation einer Konzeptualisierung (Begriffsbildung) zu verstehen ist.

„An ontology is an explicit specification of a conceptualization [Grub93]."

Demnach wird unter einer Ontologie eine Spezifikation einer Konzeptionalisierung (Begriffsbildung) verstanden. Da die genaue Bedeutung dieser Definition stark von der Interpretation der Begriffe, Spezifikation und Konzeptualisierung abhängt, lässt sie viel Raum zur Interpretation. [Bach10, S.35; vgl. BuWR06, S.18]

Um einige Aspekte erweitert und konkretisiert, schränkt u.a. Struder die Definition von Uschold für eine Ontologie ein und sieht sie als eine *"formale, explizite Spezifikation einer gemeinsamen Konzeptualisierung[Stud01]."*

„An ontology is a formal, explicit specification of a shared conceptualization[StBF98]."

Unter einer Konzeptualisierung wird der Versuch eines abstrakten Modells zu einem Ausschnitt der Welt verstanden. Indem versucht wird ein Phänomen der realen Welt auf eine abstrakte Art und Weise darzustellen. Wobei nur der für das Problem relevante Kern des Phänomens betrachtet werden darf.[ZeSS99, S.4]

Abbildung 3.2: Gebräuchlichste Ontologiedefinition mit Erläuterungen[28]

Die Abbildung 3.2 soll an dieser Stelle als genauere Beschreibung der Definition von Struder dienen und beinhaltet vier Kennzeichnungen:

1. Mit „Konzeptualisierung" wird das Definieren eines abstrakten Modells, das von den konkreten Phänomenen und deren Relationen aus der realen Welt stammt, gefordert.
2. Mit „Explizit" werden für eine Ontologie eindeutige Arten und Bedeutungen der Definitionen und deren Einschränkungen gefordert.

---

[28] Quelle: [Scho08]

3. Mit „Formal" müssen Ontologien maschinenverstehbar sein, was eine natürlichsprachliche Darstellung ausschließt.
4. Mit „Teilhaben" (Gemeinsam) wird darauf hingewiesen, dass eine Ontologie meistens auf eine ganze Domäne zielt, anstatt auf kleinere Teilbereichen oder Usergruppen.

Eine informelle Definition für eine Ontologie, die alle Bereiche abdecken könnte, wäre, dass sie ein Konzept eines bestimmten Bereiches der realen Welt beinhalten, eine formale Spezifikation besitzen und vom Konsens einer Gruppe von Personen bestimmt wird.[Haus01, S.13]

Eine formale Definition zur Beschreibung des Ontologiebegriffs erfolgt als Quintupel. Hierbei werden 7-Tupel O:=(L, C, R, F, G, H, A) zur Beschreibung verwendet. Dabei gelten:

- *L* (Lexikon) als die eine Menge von Symbolen (lexical entries) für Begriffe und eine Menge von Symbolen für Relationen, dessen Vereinigung das Lexikon bildet.
- *C* als die Menge aller Konzepte.
- *R* die Menge aller Relationen. Der Wert ist zweistellig, da jeweils der Definitionsbereich (domain) und Wertebereich (range) spezifiziert wird.
- *F* und *G* bilden Abbildungsfunktionen mit den zugehörigen Begriffen und Relationen in der gegebenen Ontologie.
- *H* steht für die Taxonomie. Dabei sind Begriffe durch eine irreflexive, azyklische und transitive Relation H taxonomisch miteinander verbunden.
- *A* beschreibt eine Menge von Axiomen, die in Form der Aussagenlogik beschrieben werden.

Damit werden Ontologien, als eine formale Spezifikation eines abgegrenzten Bereichs der Welt, die einem bestimmten Zweck dient und auf die sich alle Beteiligten geeinigt haben, verstanden [Mits09, S.63]. Sie stehen somit für die Darstellung und Formalisierung von Wissen. Wobei Wissen die Form (Syntax, Daten) und den Inhalt (Semantik, Information) und darüber hinaus auch einen pragmatischen Aspekt umfasst [visi06, S.3ff]. Dadurch gelingt es ihnen Wissen auf semantischem Niveau zu beschreiben und in gewissem Sinne die Bedeutung der repräsentierten Sachverhalte abzubilden [visi06, S.3ff]. Die Beschreibung eines Wissensbereiches mittels einer Ontologie durch eine standardisierte Terminologie sowie Beziehungen und ggf. Ableitungsregeln zwischen den dort definierten Objekten, ist insbesondere dahingehend relevant, dass im Wesentlichen eine Verbesserung der Kommunikation realisiert wird. Uschold und Gruninger betonen diesen Aspekt mit, *„Ontology is the term used to refer to the shared understanding of some domain interests"[UsGr96]*. An dieser Stelle wird eine der Hauptaufgaben von Ontologien deutlich. Diese besteht darin die Kommunikation zwischen verschiedenen Akteuren (sowohl Menschen als auch Maschinen) sowie der Aggregation von Informationen aus heterogenen Quellen zu verbessern [Maedche et al.01]. Um so die Interpretationsmöglichkeit von

Informationen über Daten und Akteuren sei es Mensch oder Maschine zu geben. Demgemäß können Ontologien den Bereichen der Kommunikation, Interoperabilität und Systemengineering zugewiesen werden.[Wage04]

Ontologien stellen ein Wissensnetz dar und zielen darauf ab, Wissen explizit zu modellieren. Indem sie (formale) Objekte, Objekteigenschaften und Zusammenhänge zwischen Objekten in Form einer hierarchischen Anordnung beschreiben. Die Beschreibungen beschränken sich meist auf einen bestimmten Wissensbereich bzw. auf eine Domäne. Dadurch vermitteln Sie ein allgemein anerkanntes Verständnis dieser Domäne, das von Anwendungen und Personengruppen gemeinsam geteilt und wiederverwendet werden kann. Durch die hierarchische Anordnung entsteht ein Modell, das zu einem bestimmten Wort immer die eindeutige Verbindung zu dem entsprechenden realen Gegenstand gewährleistet. Verinnerlichen alle Beteiligten dieses Modell, dann verschiebt sich die Kommunikation von syntaktischer Ebene hin zu einer semantischen, da für alle Beteiligten die Bedeutung eindeutig durch das gemeinsame Modell festgelegt wurde.[Stud01, S.4; Kosc07, S.11]

3.2 Bestandteile einer Ontologie

Wie die Anzahl der Definitionen zu Ontologien, finden sich je nach Anwendungsgebiet der Ontologien in der Literatur ebenfalls unterschiedliche Benennungen für ihre Bestandteile [Bos05, S.17]. Jedoch lassen sich generelle Bestandteile für Ontologien herausarbeiten.

Grundlegend bedient sich eine exakte und formale Ontologie der Logik oder der Mathematik als Ausdrucksmittel [StNe99]. Sie setzen sich aus einem Vokabular und einer Menge von Aussagen zu der jeweils interessierenden Anwendungsdomäne zusammen [Klettke et al. 01, S.2].

Nach Voss bestehen Ontologien aus drei Teilen, die in den verschiedenen Arten von Ontologien unterschiedlich ausgeprägt sein können. Dies sind die

- Begriffe,
- Relationen zwischen den Begriffen und
- Regeln über die Relationen und Begriffe   [Voss03, S.2]

Noy und Hafner definieren die Bestandteile wie folgt:

> *„Formally, an ontology consists of terms, their definitions, and axioms relating them [NoHa97]."*

Übereinstimmend bestehen, zu den in der Literatur stammenden Definitionen, Ontologien in der Regel aus Konzepten, Relationen, Attributen und deren Werte, Nebenbedingungen und Instanzen [Bos05, S. 17]. Wobei eine Ontologie als ein gerichteter azyklischer Graph dargestellt und die Knoten und Kanten im Graph im Sinne der Graphentheorie verstanden werden können. [Kosc07, S.14]

Mit Hilfe der folgenden Abbildung 3.3, die ein einfaches Beispiel für die Struktur einer Ontologie darstellt, sollen die Bestandteile einer Ontologie beschrieben werden.

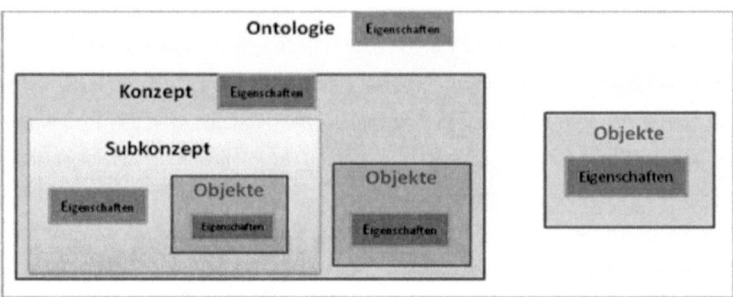

Abbildung 3.3: Struktur einer Ontologie[29]

Die Ontologie enthält Klassen und Objekte, die jeweils durch unterschiedliche Eigenschaften charakterisiert sind. Die Klassen können sowohl Objekte als auch Unterklassen enthalten. Der Unterschied der Objekte zueinander ist die Zusammensetzung ihrer Eigenschaften. [Zhang04]

- *Konzepte* bestehen aus einer Menge von Objekten, die die reale Welt repräsentieren und sind vergleichbar mit Klassen (OOP). Sie bilden den wichtigsten Bestandteil einer Ontologie und fassen gemeinsame Eigenschaften in Form von Attributen zusammen. Wobei ein Konzept auch Subkonzepte haben kann, die dessen Eigenschaften erben oder aber weiter spezialisieren können. Diese Konzepte stehen in bestimmten Relationen zueinander.[Bos05, S. 17] Die Konzepte werden typischerweise als Taxonomien organisiert. Dadurch können sie als Hierarchien angeordnet werden.

- *Relationen* repräsentieren Beziehungen zwischen den Konzepten einer Domäne in der Klassen und Objekte zueinander stehen. Sie bezeichnen die „Eigenschaften" der Objekte. In Ontologien werden üblicherweise binäre Relationen verwendet, die insbesondere zur Beschreibung von Klassenattributen verwendet werden. Ein Spezialfall der Relationen sind die Funktionen. Sie besitzen die Eigenschaft, dass sie jedem Element des Definitionsbereichs genau ein Element aus dem Wertebereich zuordnen.

- *Axiome* sind Aussagen innerhalb der Ontologie, deren Wahrheitswert immer true ist und nicht aus anderen Bestandteilen der Ontologie hervorgehen bzw. geschlussfolgert werden können. Sie dienen der Repräsentation von nicht ableitbarem Wissen, die eine individuelle Ausprägung eines Objekts oder eines Konzepts darstellen.

---

[29] Quelle: karakol nach [Zhan04]

- *Instanzen* repräsentieren Objekte und stellen zur Verfügung stehendes Wissen dar.
- *Vererbung* Relationen können vererbt werden. Zudem ist eine Mehrfachvererbung theoretisch möglich. Der Einsatz von Transitivität ist ebenfalls erlaubt.[Bos05, S. 17]

Die nachfolgende Tabelle soll einen Überblick auf die Bestandteile einer Ontologie mit ihren Synonymen und ihren Übersetzungen wieder geben.

Komponente	Synonyme	Englische Übersetzungen
Konzept	Klasse, Term, Begriff, Entität, Typ	concept, class, term
Relation	Beziehung	relation
Attribut	Eigenschaft	attribute, property, slot, role
Wert	-	value
Nebenbedingung	Einschränkung, Restriktion, Axiom	restriction
Instanz	Objekt, Individuum, Exemplar	instance, individual

Tabelle 3.1: Bestandteile einer Ontologie[30]

An dieser Stelle sollte darauf hingewiesen werden, dass nach einigen Wissenschaftlern wie Lassila und Mc Guiness Relationen für die Bildung von Ontologien nicht zwingend definiert werden müssen. Dies führt dazu, dass mit dieser Aussage auch Glossare als Ontologie bezeichnet werden können. Zwar sind diese Ansichten umstritten, doch werden die Fähigkeiten von Ontologien demnach abgedeckt [McGu03]. Doch verweisen einige Wissenschaftler darauf hin, dass die Existenz von Relationen ausdrücklich vorzusehen ist, um eine Ontologie als solche bezeichnen zu können.[Hepp08; LaMc01]

Für ein besseres Verständnis wird in Abbildung 3.4 eine sehr einfache Ontologie mit ihren Bestandteilen graphisch dargestellt. Sie besteht aus sechs Konzepten und einer Instanz. Ein *Seminar* ist eines dieser Konzepte und ist über die *is-a*-Relation eine *Lehrveranstaltung*, an der *Studenten* teilnehmen können. *Studenten* sind *Personen* die entweder *männlich* oder *weiblich* sein können. *Ontology-Management* ist eine Instanz des Konzeptes *Seminar*.

---

[30] Quelle: [Bos05, S. 17]

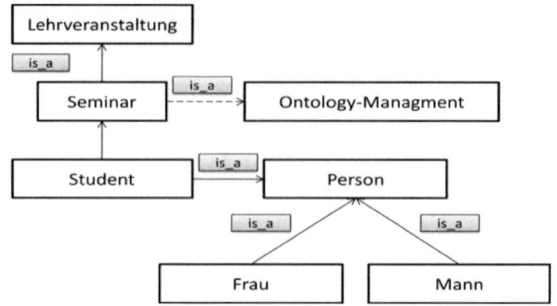

Abbildung 3.4: Beispiel einer Ontologie[31]

3.3 Klassifizierung von Ontologien

Zur Strukturierung und effektiven Verwaltung von Wissen gibt es mittlerweile viele verschiedene Verfahren, wobei vor allem für große Datenbestände immer neue Methoden entwickelt wurden. In diesem Zusammenhang lassen sich die bisher relevanten Verfahren in drei ineinander übergreifende Gruppen, wie sie in Abbildung 3.5 dargestellt werden, einteilen.[Voss03]

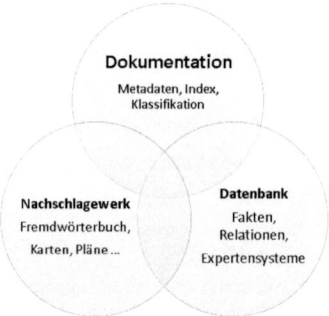

Abbildung 3.5: Gruppen der relevanten Verfahren[32]

Die Gruppen der einzelnen Verfahren sind Dokumentationen, Datenbanken und Nachschlagewerke. Unter der Gruppe der Dokumentation wird die Erschließung von Dokumenten und Informationen verstanden. Um einmal abgelegtes gezielt wieder auffinden zu können. Datenbanken dienen der direkten Speicherung von Informationen. Hierbei besteht der Datensatz aus einem geordneten Tupel von Werten. In Nachschlagewerken wird das Wissen welches in sprachlichen oder visuellen verschiedenen Formen vorliegt gespeichert. Der Grad der Formalisierung

---

[31] Quelle: karakol nach [Schm09, S.7]

[32] Quelle: karakol nach [Voss03]

ist unterschiedlich und kann vom freien bis hin zum datenbankähnlichen Faktenkatalog reichen. [Voss03]

Ontologien lassen sich je nach Anwendungsgebiet und Ausdrucksstärken in eine oder mehrere Anwendungsbereiche und dadurch nach verschiedenen Gesichtspunkten einteilen. Ihre Konstruktion hängt von gestellten spezifischen Anforderungen ab und lässt sie daher unterschiedlich ausfallen. Dadurch resultieren verschiedene Typen von Ontologien, die je nach Kriterium unterschieden und eingeordnet werden können. Die Grenzen bzw. Übergänge zwischen den Typen sind oft fließend. Trotz unterschiedlicher Ausprägungen lassen sich gemeinsame Konzepte ausmachen, in denen die meisten Ontologien die Charakteristika mehrerer Typen beinhalten können. Anhand derer eine Unterscheidung erfolgen kann. In der Literatur finden sich Unterscheidungen hinsichtlich ihrer Allgemeingültigkeit, ihrem Strukturierungsgrad und ihrer Komplexität. Grundsätzlich jedoch lassen sich Ontologien nach zwei Merkmalen einteilen. Zum einen nach der Komplexität ihrer internen Struktur und zum anderen nach ihrer Verwendung in einem bestimmten Kontext.[Kowa05, S.15]

Aus den getroffenen Aussagen soll bewusst werden, dass es wie bereits beschrieben so etwas wie eine Universalontologie nicht geben kann [StNe99]. Die Verwendung des Plurals resultiert aus der Vielzahl der möglichen Anwendungsbereiche und der möglichen unterschiedlichen Ausprägungen einer Ontologie innerhalb der jeweiligen Domäne.

3.3.1 Unterscheidung nach der Allgemeingültigkeit

Beginnend mit der ersten Unterteilung, klassifiziert Guarino in seinem Ansatz Ontologien mit dem Unterscheidungsmerkmal bzw. Hauptkriterium nach ihrer Granularität der Konzeptualisierung. Dabei schlägt Guarino vor, verschiedene Arten von Ontologien für unterschiedliche generische Stufen zu entwickeln. Dieser Ansatz wird in Abbildung 3.6 dargestellt.[Guar98]

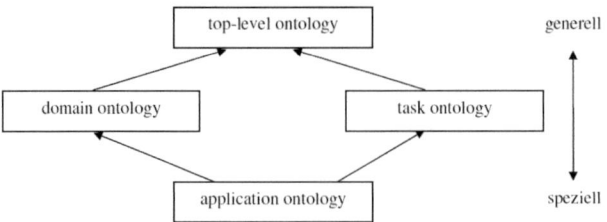

Abbildung 3.6: Klassifikation von Ontologien nach Guarino[33]

Genauer nutzt er die Konzepte, die in einer Ontologie enthalten sind, als Unterscheidungskriterium, wobei der Generalitätsgrad der Konzepte von oben nach unten abnimmt. Die Grösse des Benutzerkreises kann anhand einer jeweiligen Ontologiekategorie unterschieden werden. So können die generellen Ontologien von einer Vielzahl unterschiedlicher Anwender benutzt werden, wo hingegen Ontologien mit spezifischen Konzepten nur einer limitierten Anzahl von Benutzern zugänglich sind.[Bos05; Guar98]

Je nach Domänenspezifität werden vier Kategorien unterschieden:

- *top-level-ontology:* Beschreibt sehr generelle Konzepte wie Raum, Zeit oder Vorgang, die unabhängig von einem bestimmten Problem oder Domäne sind. Es ist sinnvoll, für einen grossen Benutzerkreis gemeinsame *top-level*-Ontologien zu realisieren.
- *domain-ontology:* Beschreibt ein grundlegendes Vokabular bezogen auf generische Konzepte. Diese Ontologien enthalten nur Konzepte hoher Spezialisierung. Hierbei werden die Konzepte einer *top-level*-Ontologie spezialisiert.
- *task-ontology:* Beschreibt ein grundlegendes Vokabular bezogen auf eine allgemeine Aktivität oder Aufgabe. Sie kann als eine Verfeinerung/Spezialisierung der top-level-Ontologie für ausgewählte Aufgaben und Lösungswege der Aufgabe (task) verstanden werden.
- *application-ontology:* Spezielle, auf eine konkret fokussierte Domäne oder Aufgabe zugeschnittene Ontologie, die in der Regel eine *domain*- und/oder *task*-Ontologie spezialisiert.[Bos05, S.19; Scho08]

3.3.2 Unterscheidung nach dem Formalisierungsgrad

Ontologien können mehr oder weniger formal beschrieben werden. Der Grad der Formalisierung einer Ontologie reicht von einer in hohem Maße informellen Modellierung in natürlicher

---

[33] Quelle: [Guar98]

Sprache, bis hin zu streng formellen Modellen, die formale Semantik, Theoreme und Beweise enthalten und sich durch ihre Vollständigkeit auszeichnen.[Wage04]

Da anders als bei Menschen, Maschinen nicht in der Lage sind informell definierte Strukturen zu verarbeiten, muss die Sprache für sie eingeschränkt und strukturiert werden. Mit dem Unterscheidungskriterium des Formulierungsgrads ergeben sich für die Sprachen folgende Fälle:

- sehr informal: umgangssprachliche Formulierung
- semiinformal: Formulierung in einer Fachsprache
- semiformal: Formulierung in einer formalen Sprache
- sehr formal: Formulierung in einer formalen Sprache mit bekannter Semantik [UsGr96]

3.3.3 Unterscheidung nach der Komplexität

Ausgehend ihrer Komplexität finden sich in der Literatur, die Unterscheidungen zu Ontologien von Lassila und McGuinness. Sie differenzieren Ontologien anhand der Komplexität ihrer internen Struktur. Die zwei grundsätzliche Typen von Ontologien resultieren lässt. Je nachdem ob eine explizite Ontologie vorliegt, werden zwischen lightweight (leichtgewichtige) und heavyweight (schwergewichtige) Ontologien unterschieden.[LaMc01, S.4]

Als leichtgewichtete Ontologien werden bspw. Taxonomien angesehen, die das vorliegende Wissen meist in Form eines hierarchischen Baumes strukturieren. Dabei wird das Wissen der entsprechenden Domäne anhand von Konzepten strukturiert. Dazu ist eine Taxonomie die hierarchische Gliederung eines Diskursbereichs. Die Strukturierung erfolgt anhand einer Vererbungsrelation (is-a relation), die Konzepte vom allgemeinen zum speziellen verwendet. Schwergewichtige Ontologien hingegen enthalten mehr Semantik als leichtgewichtige Ontologien und sind Erweiterungen von diesen. Sie werden durch unterschiedliche Relationen und Kardinalitäten zwischen den Konzepten modelliert.[Anus05, S.24]

Von diesen beiden Typen und dem Beispiel der Taxonomie ausgehend, kann eine gute grobe Klassifizierung von Ontologien nach dem Spezifikationsgrad getroffen werden, die wie in Abbildung 3.7 dargestellt, als Überblick aus den Überlegungen von Lassila und McGuinness resümiert.[LaMc01]

Innerhalb der Abbildung sind die einzelnen Ontologierepräsentationen nach steigender Komplexität ihrer internen Struktur klassifiziert und diesbezüglich auf einer Achse gegliedert. Der Balken dient als Trennung der beiden Typen „lightweight" (links) und „heavyweight"-Ontologien (rechts).

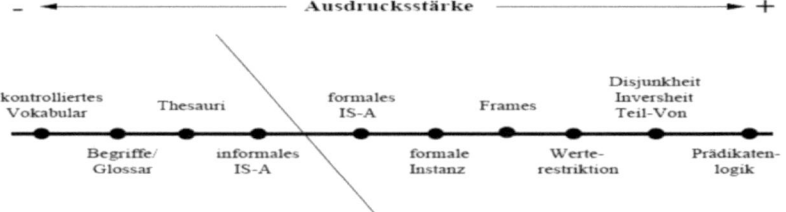

Abbildung 3.7: Ontologiespektrum[34]

Als die einfachste Art einer Ontologie können kontrollierte Vokabulare betrachtet werden. Unter einem kontrollierten Vokabular ist eine einfache abgeschlossene Liste von Begriffen (z.b. Kataloge) zu verstehen. Ein Glossar erweitert die Auflistung der Begriffe um eine informelle Beschreibung in natürlicher Sprache. Die Beziehungen zu anderen Begriffen werden nicht formell festgehalten. Thesauri können als eine Erweiterung eines Vokabulars verstanden werden. Es erweitert das Modell einer Taxonomie durch zwei fest definierte Relationen der Objekte untereinander und ist ein kontrolliertes Vokabular. Die Taxonomie ist eine Hierarchie von Begriffen, die Elemente in einer Ober- oder Unterstruktur darstellt. Bei Thesauri sind die Begriffe durch Beziehungen miteinander verbunden. Häufig verwendete Relationstypen sind Äquivalenz, Homographie oder Assoziationen. Die informale is-a-Hierarchie (Taxonomie) ist eine explizite Hierarchie von Klassen, wobei nicht konsequent die Unterklassenbeziehung zwischen den entsprechenden Begriffen gilt. Dagegen ist eine formale is-a –Hierarchie (Taxonomie) eine explizite Hierarchie von Klassen, wobei die Unterklassenbeziehung zwischen Begriffen strikt eingehalten wird. Die formale Instanz ist eine explizite Hierarchie, die neben der Unterklassenbeziehung auch die Instanzbeziehung erlaubt. In Frames können die Klassen der Hierarchie um zusätzliche Eigenschaften erweitert werden. Die zusätzlichen Eigenschaften können Attribute oder Beziehungen zu anderen Klassen sein. Zusätzlich können diese Eigenschaften innerhalb der Hierarchie vererbt werden. Eine weitere Ordnung bezieht Wertbeschränkungen ein, die die Beschränkungen der Werte von Klasseneigenschaften ermöglichen.[Schob08;[35]]

Die folgende Abbildung 3.8 soll die Abstufung von Ontologien deutlich machen und bietet einen aufsteigenden Überblick über die Grade der Spezifizierung. Desweiteren lässt sich anhand der Abbildung die Zunahme der Mächtigkeit der Ansätze für eine Ontologie darstellen. .

---

[34] Quelle: [LaMc01, S.4]

[35] http://wissensexploration.de/textmining-hintergrundwissen.php, letzter Zugriff 13.08.2010

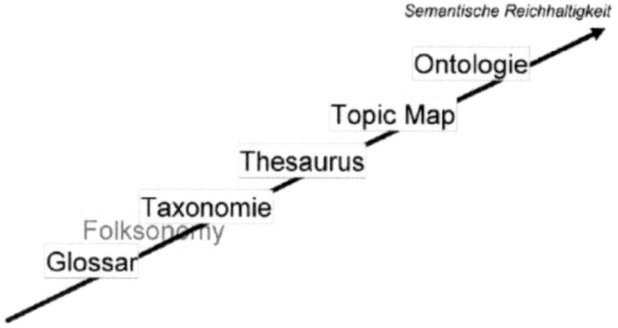

Abbildung 3.8: der semantischen Reihenfolge für Ontologien[36]

3.4 Warum werden Ontologien benötigt?

Wie bereits beschrieben, entsteht Wissen erst durch die bedeutungsvolle Vernetzung von Fakten und Schlussfolgerungen. Daher ist es absolut notwendig, Informationen nicht nur maschinenlesbar, sondern auch maschinenverständlich zu speichern. Denn eine maschinenverständliche und- verarbeitbare Informations- und Wissensrepräsentation ist die Grundvoraussetzung für ein intelligentes Verhalten von Computersystemen. Ein intelligentes Verhalten wiederum beruht auf dem Besitz von Wissen über die Umgebung und die Konsequenzen. Um ein intelligentes Verhalten von Computersystem zu gewährleisten, eignen sich für diesen Zweck Ontologien hervorragend, da sie die Semantik bzw. Bedeutung von Informationen darstellen können und so einen effizienten Zugang zu verschiedene Arten von Informationen ermöglichen.[Bode05, S.121; Hald04, S.15]

Genauer lässt sich die Notwendigkeit zur Erstellung von Ontologien aus ihren Definitionen ableiten und durch das semantische Dreieck erklären. Indem das Dreieck die Interaktion bzw. den Zusammenhang zwischen Benennungen, den mit diesen Benennungen assoziierten Begriffen und ihre Referenten beschreibt. Und nicht unterschiedet, ob die Interaktion zwischen Menschen, Mensch und Maschine oder Maschinen stattfindet. Die Anwendungsbereiche, die sich aus den beiden Teilen ableiten lassen, sind die Kommunikation und Interaktion, das maschinelle Folgern und die Wiederverwendung von Wissen [GrLe02].

Die Besonderheit von Wissen liegt darin, dass es sprachlich in natürlicher Form symbolisiert wird und anhand dessen eine Kommunikation durchgeführt werden kann. Bei einer Kommunikation zwischen einem Sender und einem Empfänger, gilt als Vorrausetzung für ein Austau-

---

[36] Quelle: http://wissensexploration.de/textmining-hintergrundwissen.php, letzter Zugriff 13.08.2010

schen über Bereiche der Lebenswelt und die dort angesiedelten Dinge und Vorgänge, ein gemeinsames Begriffs- und Strukturverständnis dieses Bereiches. Probleme ergeben sich für den Fall eines Nichtvorhandenseins dieser Voraussetzung und führen zum Nichtverstehen der Beteiligten Akteure (sei es Mensch oder Maschine). Sei es, weil bspw. eine andere Sprache oder aufgrund verschiedener Fachrichtungen, mehrdeutige Begriffe für den gleichen Gegenstand verwendet werden.[Volt06]

Dementsprechend kann Wissen, dass unter Verwendung von nicht bekannten Symbolen formuliert wurde, nicht genutzt werden. Aufgrund eines inkompatiblen Vokabulars entsteht ein sprachlicher Konflikt, der mithilfe gemeinsamer Terminologien vermieden werden kann.[Bode05]

Demzufolge muss ein auslesendes System, um gespeichertes Wissen ebenso interpretieren zu können wie es gemeint ist, sei es Mensch oder Maschine, über dieselbe Zuordnung zwischen Symbol und Konzept verfügen, da sonst semantische Inkonsistenzen entstehen. Ein Konzept ist hierbei die semantische Kategorie des gemeinten Beschreibungsgegenstands. Dies führt zu der Erkenntnis, dass zum Übertragen von Symbolen und Informationen, auch die Semantik übertragen werden muss. Wobei diese die richtige Bedeutung innerhalb des übertragenen Symbols erfassen lässt und somit eine hohe Relevanz erhält. Damit bei jeglicher Kommunikation, übertragene Symbole bzw. Worte korrekt interpretiert und bei jedem Kommunikationsteilnehmern auf die gleiche Weise interpretiert bzw. mit einem Konzept verknüpft werden kann.[Bode05, S.122ff]

> *„Jegliche Art der Kommunikation ist eine Übertragung von Symbolen: Sei es zwischen Menschen durch Handzeichen, gesprochenem oder geschriebenem Wort; oder durch Befehle in der Datenverarbeitung. Eine Information aus den übertragenen Symbolen ergibt aber sich erst, wenn beide Seiten einer Kommunikation die Bedeutung der Symbole kennen[DJMZ05, S.288ff]."*

Folglich ist für den Wert des vorliegenden Wissens die semantische Abstimmung zwischen dem Wissenslieferanten und dem Wissensnachfrager bzw. dem Speichernden und dem wieder auslesenden technischen System entscheidend. Um semantische Konflikte zu vermeiden und so die Wiederverwendbarkeit abgelegten Wissens sicherstellen zu können, ist ein Konsens auf insgesamt drei Ebenen, wie in der folgenden Abbildung 3.9 dargestellt, notwendig.[Bode05]

Konsens-ebene	Konsens-risiko	Beispiel	Konsens-werkzeug
Symbole	Inkompatibles Vokabular	"APFEL" ≠ "APPLE"	Terminologien
Zuordnung	Inkonsistente Zuordnung zu Konzepten	"APPLE" → "FRUCHT" "APPLE" → "UNTERNEHMEN"	Semantische Schemata
Konzepte	Inkonsistente Bedeutung (semantische Analyse)	"UNTERNEHMEN" = physisches Objekt, ... "UNTERNEHMEN" = rechtliches Gebilde, ...	Ontologien

Abbildung 3.9: Semantische Konflikte[37]

Wenn Menschen kommunizieren, können sie sich gespeichertes Wissen zunutze machen, indem sie auf ihre persönlich gespeicherten Grund- und Kontextwissen des jeweiligen Wissensbereichs zurückgreifen und mit den gespeicherten Inhalten verbinden. Kann auf diese Weise keine ausreichende Lösung gefunden werden, helfen Lehrbücher, Lexika, Schlagwortregister etc. um einheitliche Konventionen über bestimmte Begriffe eines speziellen Wissensbereichs zu verwenden. Falls dies ebenfalls zu keiner Lösung führt bzw. eine Verbindung zu einem bekannten Symbol herstellen lässt, ist es dem Menschen möglich nach der Art der Interpretation des Symbols nachzufragen. Dadurch gelingt es Menschen eine Unterhaltung zu symbolisieren, direkt zu verstehen und benötigt keine Übersetzung der Wissensrepräsentation in natürliche Sprache.[Otto08]

Sollen dagegen Automaten Such-, Kommunikations- und Entscheidungsaufgaben in Bezug auf das gespeicherte Wissen übernehmen oder Daten austauschen, die selbst Information darüber enthalten, wie sie zu strukturieren und interpretieren sind, kann im Allgemeinen nicht auf ein derartiges Hintergrundwissen zurückgegriffen werden.[38] Dazu werden eine Repräsentation der zugrunde liegenden Begriffe und deren Zusammenhänge benötigt.[39] Sollte insbesondere ein Austausch von Informationen ohne menschliche Interaktion zwischen Maschinen in Form von bspw. Agenten geschehen, so gelten ferner die Anforderungen an Eindeutigkeit der Begriff und deren Zusammenhänge.

In aller Regel geschieht eine Kommunikation über künstliche Symbolisierungssprachen, die wie natürliche Sprachen aufgebaut sind und aus einem Vokabular und einer Syntax bestehen. Das Vokabular ist die Summe aller Bezeichnungen und wird in der Informatik als Ressource, Knoten oder Entitäten bezeichnet. Die Syntax ist die Summe aller Verknüpfungsregel für das Voka-

---

[37] Quelle: [Bode05, S.121]

[38] http://www.gi.de/no_cache/service/informatiklexikon/informatiklexikon-detailansicht/meldung/ontologien57.html?print=1 zuletzt aufgerufen 22.03.2010

[39] Ebd.

bular. In der Informatik heißen diese definierten Verknüpfungen von Bezeichnungen auch Relationen.[Volt06]

3.5 Ontologiesprachen

Um eine Ontologie in einer formalen Struktur ausdrücken zu können, wird eine Sprache benötigt, mit deren Hilfe die einzelnen Bestandteile einer Ontologie definiert werden. Diese Sprachen werden in der Informatik als *„Ontologiebeschreibungssprachen"*, *"knowledge representation languages"* oder *„Ontologiesprachen"* bezeichnet.[Otto08 ; Scho08]

Ontologiesprachen ermöglichen es, dass semantisch definierte Ontologien in einen syntaktischen bzw. maschinenverarbeitbaren Quelltext überführt werden und somit eine Kommunikation mit und über Computersystemen geschehen kann. Durch die maschinenverarbeitbare Kodierung von Hintergrundwissen gelingt es ihnen, nicht explizit gegebene Zusammenhänge erschließbar zu machen. Das Charakteristikum der meisten Ontologiesprachen ist die starke Formalisierung durch die Benutzung von Logik. Der zentrale Aspekt einer Ontologiesprache liegt in ihrer formalen Semantik.[Mam06 S.19] Anhand dessen sind Computer in der Lage Widersprüche in den Daten zu erkennen, Rückschlüsse aus den vorhandenen Daten zu ziehen und fehlendes Wissen selbstständig aus vorhandenem zu ergänzen.[Mam06 S.19] Demzufolge ist es ihnen möglich, unvollständig angegebene Daten zu „vervollständigen". Wobei sie nur in Verbindung mit einem sog. Reasoner eingesetzt werden können, der in der Lage ist, logische Schlussfolgerungen ausführen zu können.

In diesem Abschnitt werden Sprachen aufgezeigt, die im Gebiet der Ontologien zum Einsatz kommen. Dazu werden zunächst die Anforderung an Ontologiesprachen definiert und im Anschluss diese vorgestellt. Dabei werden Frame- und Beschreibungslogik-basierte Ontologiesprachen im Hinblick auf diese Anforderungen überprüft und miteinander verglichen.

3.5.1 Anforderungen an Sprachen

Die generellen Anforderungen, die für Ontologiesprachen gefordert werden, sind wohldefinierte Syntax, formale Semantik und adäquate Ausdrucksmittel. Die Ausdruckmittel sollen dabei eine konzeptuelle Modellierung, Klassen, Beziehungen, Vererbung etc. beschreiben lassen und hinreichende Ausdrucksmöglichkeit anbieten. Dazu wird eine effiziente Verarbeitung für die Durchsetzung der formalen Semantik und Zugriffsmethoden verlangt. Weiterhin soll die Unterstützung offener (Web-)Umgebungen für verteilte Ontologien ermöglicht werden, sowie die Autonomie und ihre Konsequenzen. Zuletzt sind ausreichender Formalisierungsgrad, Visualisierungsmöglichkeiten und die Inferenzmöglichkeit für eine Ontologiesprache von Bedeutung.[Fens04]

3.5.2 Unterscheidung der Sprachen

Üblicherweise werden Ontologiesprachen durch Diagramme ausgedrückt. Damit Ontologiesprachen bewertet werden können, bedarf es an Kenngrößen. Diese Kenngrößen stellen eine Hilfestellung für die Auswahl der Implementierungssprache einer Ontologiesprache dar. Die Aspekte, die für eine Bewertung berücksichtigt werden, sind in der nachfolgenden Tabelle 3.2 aufgelistet.[Scho08]

Expressivität	Kann diese Sprache die benötigten Ontologiebestandteile eindeutig repräsentieren? Ist sie für den geplanten Anwendungsbereich flexibel genug?
Komplexität	Wie einfach ist das Erlernen und die Bedeutung?
Übersetzbarkeit	Kann diese Syntax ggf. in andere Syntaxformate bzw. Sprachen übersetzt werden?
Unterstützung	Gibt es zu dieser Sprache qualifizierte Entwicklungsgruppen, gute Entwicklungswerkzeuge und Hilfen? Ist die Sprache ein weit verbreiteter bzw. akzeptiert Standard?
Entwicklungsstand	Ist die Sprache entwicklungsbedingt noch in ständigem Wandel begriffen?
Expressivität	Wie einfach ist die Erstellung der Sprache (Kostenaufwand/Lizensierung)?

Tabelle 3.2: Kenngrößen für die Auswahl von Ontologiesprachen[40]

Grundsätzlich werden Sprachen durch ihre Syntax und Semantik charakterisiert:

- Die Syntax befasst sich zum einen mit dem Aufbau von Grundzeichen oder Grundausdrücken einer Sprache, zum anderen mit der Erzeugung von Sätzen aus diesen Grundzeichen oder Grundausdrücken. Demgegenüber beschäftigt sich die Semantik einer Sprache mit der Bedeutung der Grundzeichen oder Grundausdrücke und den Bedingungen, unter denen Sätze dieser Sprache als wahr angenommen werden.[Beck97, S.51]
- Ontologiesprachen beinhalten so wie Ontologien Konzepte, deren Eigenschaften, Beziehungen zwischen Konzepten und zusätzliche Bedingungen. Aufgrund der Tatsache, dass Ontologiesprachen, die gleichen Wurzeln besitzen oder sogar aufeinander aufbauen, weisen sie zum Teil große Ähnlichkeit untereinander auf. Daher liegt die Verschiedenheit bzw. der Unterschied der Sprachen in ihrer Ausdruckskraft und ist auf die

---

[40] Quelle: karakol nach [Scho08]

Mächtigkeit und Ausrichtung der Sprachen zurückzuführen. Ferner ist je nach Komplexität der Ontologie auch die Mächtigkeit der Sprache zu beachten.[AcLa03, S.4]

Fensel unterscheidet zwischen drei verschiedenen Klassen von Ontologiesprachen. Als erste Gruppe wird die Gruppe mit der Prädikatenlogik unterschieden. In dieser Gruppe stehen vorrangig Prädikate, Konstanten, Variablen und Formeln im Mittelpunkt der Modellierung. Der zweiten Gruppe ist die rahmenbasierte Logik zugewiesen, in der die Klassen im Vordergrund stehen und bestimmte Eigenschaften, sogenannte Attribute, zugeordnet werden können. Dabei muss die Definition dieser Attribute für jede Klasse einzeln erfolgen, weil sie keine globale Gültigkeit besitzen. Die letzte Gruppe bildet die deskriptive Logik, in der schließlich Klassen über diejenigen Eigenschaften beschrieben werden können, die ein Objekt haben muss, um zur Klasse zu gehören.[Fens04]

Nach Gomez-Perez können Ontologiesprachen grob in zwei Gruppen unterteilt werden: traditionelle und webbasierte Ontologiesprachen[GoFC04]. Die traditionellen Sprachen basieren auf Prädikaten- sowie Beschreibungslogik oder auf der so genannten frame logic[KiWu95]. Zu den traditionellen Ontologiesprachen gehören u.a. Ontolingua und LOOM, wobei diese ihre Stärken im Bereich der künstlichen Intelligenz haben. Die webbasierten Ontologiesprachen haben ihren Ursprung in der zunehmenden Popularität des World-Wide-Web bzw. des Semantic Webs. Sie wurden für die Entwicklung von Ontologien für den Einsatz im Zusammenhang mit dem World-Wide-Web entwickelt. Die Syntax dieser Sprachen basieren auf den Standards von HTML und XML. Zu dieser Sprachgruppe gehören SHOE, XOL, OIL, RDF-Schema, F-Logic, DAML+OIL und OWL.[Bos05]

Der Unterschied zwischen den traditionellen, Beschreibungslogikbasierten und Frame-basierte Sprachen liegt darin, dass die Sprachen, die auf Beschreibungslogik basieren, sowohl graphische als auch eine XML-basierte textuelle Syntax beinhalten. Die Wurzeln der Beschreibungslogik liegen in der KL-ONE-Sprache.

Formal ist eine Beschreibungslogik in der Regel in eine *„Terminological-Box"* (*TBox)*, und eine *„Assertional-Box"* (*ABox)* unterteilt. Die TBox enthält hierbei das Wissen über die Konzepte einer Domäne, das terminologische Wissen. Die ABox hingegen enthält das Wissen über Entitäten oder Instanzen dieser Konzepte, sowie deren Beziehungen untereinander und repräsentiert den Zustand der modellierten Welt. Eine der zur Zeit ausdrucksmächtigsten Beschreibungslogikvarianten, die auch vom W3C als Standard für Web-Ontologien propagiert wurde, ist die Web Ontology Language, kurz OWL[41].[Halg06,S. 39]

---

[41] Genaue Beschreibung unter Kapitel 3.5.2.3.

Die Beschreibungslogiken (Description Logics, DLs) sind eine Familie von Formalismen für explizite und implizite Repräsentation von strukturiertem Wissen. Sie vereinheitlichen und reichern u.a. die traditionellen framebasierten, netzwerkartigen und objektorientierten Modellierungssprachen mit formaler Semantik an. Beschreibungslogiken gehören einer Familie von Logiken an, was nicht nur zu einer Beschreibungslogik, sondern zu vielen verschiedenen Beschreibungslogiken führt. Der Unterschied zwischen den verschiedenen Beschreibungslogiken liegt in der Menge der Konstruktoren (Ausdrucksmächtigkeit), die von ihnen angeboten werden. In DL werden mittels sog. Konstruktoren aus einfachen Beschreibungen komplexere Beschreibungen aufgebaut. Diese Konstruktoren ermöglichen den Aufbau von komplexeren Konzepten aus weniger komplexeren bzw. atomaren Konzepten. Wobei die Art der Konstruktoren von der konkreten DL abhängt.[AIFB09]

Frame-basierte Sprachen bieten zur Ontologiemodellierung die Elemente Frames (vergleichbar einem Ontologiekonzept) und Slots (vergleichbar einer Ontologieeigenschaft). Frames bilden eine Klassenhierarchie und Slots können mit zusätzlichen Einschränkungen (Restriktionen) versehen werden. Die Frames entsprechen in der objektorientierten Programmierung den Klassen und sind mit bestimmten Eigenschaften, sog. Attributen ausgestattet. Diese Attribute sind nicht an globale Gültigkeitsbereich gebunden, d.h. sie müssen nicht als Attribute einer Klasse definiert werden, sondern können auch unabhängig mit eigenem Definition- und Wertebereich vereinbart werden.[Maro03]

Der Unterschied zwischen beiden Sprachen liegt darin, dass Beschreibungslogiken sich in der vollen Variante von Frame-Logik darstellen lassen. Dabei ist die volle Variante nicht implementiert. Daher ist nicht alles darstellbar. Frame-Logik ist berechnungsvollständig und ist somit in der Lage sämtliche Funktionen auszuführen.

Beschreibungslogiken erlauben die Darstellung von Existenz und Disjunktion. Dabei erlaubt ersteres das intensionale Schließen. Die explizite Unterscheidung zwischen Instanzen und Konzepten ist in Frame-Logik nur durch die explizite Einführung von Sorten möglich.

Eine weitere Unterscheidung kann der folgenden Tabelle entnommen werden.

F-Logik	DL
Objektorientiert	„Eigenschaftsorientiert"
Klassen und Instanzen als FOL-Terme	Instanzen als FOL-Terme Klassen als FOL-Prädikate
Closed world	Open world
Unentscheidbar	(Oft) entscheidbar
Unique name assumption	Keine UNA
Nicht standartisiert	offizieller Standard OWL DL

Tabelle 3.3: Unterscheidung Beschreibungslogik[42]

3.5.3 Beschreibung der Sprachen

Mittlerweile gibt es verschiedene Sprachen die zur Beschreibung einer Ontologie dienlich sind. In diesem Abschnitt werden die derzeit stark in der Literatur zu findenden und zu einem Standard gereiften Ontologiesprachen ohne auf die genaue Spezifikation eingehend beschrieben.

3.5.3.1 RDF und RDFS

Resource Description Framework (RDF) ist eine Spezifikation des W3C und gehört seit 2004 zum Standard der Semantic Web-Initiative. Sie ist eine formale Sprache zur Bereitstellung von Metadaten um Webinhalte und strukturierte Informationen zu beschreiben. Dafür bietet sie eine XML-basierte Syntax und ein graphisches Datenmodell an. Diese besitzen die Möglichkeiten Metadaten Erzeugen und Austauschen zu lassen, sowie Informationsquellen mit Metadaten anzureichern. Technisch bietet RDF auf diese Weise ein einfaches Modell Ressourcen im Internet mit eindeutigen URIs zu identifizieren und mit Hilfe von Eigenschaften und Eigenschaften diese zu beschreiben. Zudem erlaubt sie es Beziehungen zwischen beliebigen Ressourcen zu schaffen.

Ein Dokument in RDF kann eine Menge von RDF-Aussagen beinhalten. Diese Aussagen werden in Form von Tripel getroffen. Ein Tripel besteht aus einem Subjekt, Prädikat und Objekt. Das Subjekt steht für Ressourcen, die für alle abstrakten oder konkreten Dinge aus der Welt stehen, die durch RDF-Attribute beschrieben werden können und durch eine eindeutige URI gekennzeichnet werden. Prädikate sind Eigenschaften, die eine Ressource definiert und be-

---

[42] Quelle: (DL) vs. F-Logic [nach Kröt07]

schreibt. Als Objekt werden die Werte der Eigenschaften verstanden. RDF erlaubt es Aussagen über Aussagen zu treffen.

Da RDF nur eine Syntax bereitstellt, wurde für die automatische Weiterverarbeitung von RDF Dokumenten RDF um das RDF-Schema (kurz RDFS) erweitert. RDFS ist eine Schema Sprache die die Struktur des RDF-Vokabulars definieren lässt und nicht mit einem XML-Schema vergleichbar. Dies erlaubt RDFS das bspw. Begriffe semantisch zueinander in Beziehung gesetzt oder Hierarchien von Klassen und Eigenschaften festgelegt werden können. Die Verbindung von RDF mit einem RDF-Schema lässt es zu, ein Basisvokabular für eine Domäne zu formulieren, das wiederum zur Formulierung und Modellierung von sogenannten leichtgewichtigen (engl.: leightweight) Ontologien benutzt werden kann. Mit dieser Eigenschaft bilden die beiden Sprachen RDF und RDFS die Basis für OWL, dass die Unzulänglichkeiten von RDFS beseitigt.

Mit RDF und RDF Schema kann die Semantik von Ressourcen beschrieben werden. Die beiden Techniken stellen aber nur eine einfache Ontologiesprache bereit, da sie nur beschränkte Ausdruckmittel und für die Darstellung der Beziehungen zwischen den Begriffen nicht detaillierte bzw. ausreichende Mittel hat. Die ausdrückbare Semantik ist daher sehr dürftig. Das wiederum verlangt nach ausdrucksstärkeren Repräsentationssprachen um komplexeres Wissen darzustellen und logisches Schlussfolgern aus Wissen ziehen zu können. Zur reicheren Beschreibung der Semantik von Begriffen wurden daher u.a. die Web Ontology Language (OWL) entwickelt.

3.5.3.2 OWL

OWL steht für Web Ontology Language und ist eine Spezifikation des W3C[43], um Ontologien anhand einer formalen Beschreibungssprache erstellen, publizieren und verteilen zu können [Schi07, S. 4]. Es baut auf den zwei älteren Ontologiesprachen DAML (DARPA Agent Markup Language)[44] und OIL (Ontology Inference Layer) auf und bedient sich ihrer zahlreichen Funktionen.

OWL ist eine semantische Auszeichnungssprache zum Veröffentlichen und Austauschen von Ontologien im WWW[Otto08, S.36]. Im Februar 2004 erlangte OWL vomW3C den Standard einer Ontologiesprache[Hitzler et al. S. 125]. Seitdem gehört Sie zum wesentlichen Bestandteil der Semantic Web-Initiative. Technisch basiert OWL auf der RDF-Syntax. Angesichts ihrer Ausdrucksstärke geht sie dem RDF-Schema jedoch weit voraus. Das Ziel von OWL ist es, Ter-

---

[43] eine gute Einführung in die Grundlagen findet sich im Papervon Antoniou und Hermelen unter http://www.cs.vu.nl/~frankh/postscript/OntoHandbook03OWL.pdf, zuletzt aufgerufen 23.3.2011

[44] http://www.daml.org/ letzter Zugriff 22.03.2011

me einer Domäne und deren Beziehungen formal so zu beschreiben, dass auch Maschinen wie Agenten die Bedeutung verstehen können[Schi07, S. 4].

Da die Anforderungen und Ansprüche an die zu entwickelnde Ontologie unterschiedlich ausfallen, wurde die Sprache in drei voneinander abhängige Versionen mit unterschiedlicher Ausdrucksstäke unterteilt. Diese sind:

- OWL-*Lite*: Stellt die einfachste und am wenigsten ausdruckstarke Sprache der Teilsprachen dar. Sie beinhaltet die grundlegendsten Eigenschaften und Funktionen und ist ein echte Teilsprache von OWL-*DL* und OWL-*Full*. OWL-Lite ist vollständig und in endlicher Zeit entscheidbar.[Hitzler et al. S.127]
- OWL-*DL* enthält OWL-Lite und ist eine echte Teilsprache von OWL Full. Damit ist sie ausdrucksmächtiger als OWL-DL. Sie vereint die OWL und DL (Description Logic). Dementsprechend wird in der Sprache die Beschreibungslogik festgehalten. Damit stellt sie dem Anwender die maximale Beschreibungsfähigkeit zur Verfügung und gewährleistet die Vollständigkeit und die Entscheidbarkeit. Diese Teilsprache wird von aktuellen Softwarewerkzeugen fast vollständig unterstützt[Hitzler et al. S.127].
- OWL-*Full* beinhaltet OWL DL und OWL Lite. Darüber hinaus enthält sie als einzige OWL-Teilsprache ganz RDFS. Dies erlaubt ihr das Mischen von RDF und OWL und macht sie zu der ausdrucksstärksten Teilsprache. Aufgrund einiger Aspekte wird diese Teilsprache nur bedingt durch aktuelle Softwarewerkzeuge unterstützt. Für den Umgang stehen die beiden OWL-RDF- und abstrakte OWL –Syntax bereit.

Im Wesentlichen besteht eine OWL-Ontologie aus Konzepten, Eigenschaften und Beziehungen, die diese in komplexe Beziehung zueinander setzen können. Sie werden mit OWL-Dokumenten beschrieben. Für den Umgang mit OWL Dokumenten stehen die beiden Syntaxen OWL-RDF und *abstrakte* Syntax bereit. Bei der OWL-RDF-Syntax handelt es sich um eine auf RDF basierende Syntax, die für den Datenaustausch verwendet wird. Die abstrakte OWL-Syntax ist nur für OWL-DL verfügbar und wird im Allgemeinen auch als leichter eingestuft.[Hitzler et al. S.127]

Mit der Veröffentlichung des OWL2, 2008 beim W3C, wurde ein Nachfolger von OWL bekanntgegeben. 2009 ist sie vom W3C als Empfehlung verabschiedet worden. Dabei zielt OWL2 nicht darauf ab OWL abzulösen, sondern ist um zusätzliche Konstrukte und Eigenschaften erweitert worden.

3.5.3.3 F-Logik

F-Logik („Frame Logic") wurde erstmals 1995 von den Autoren KIFER, LAUSEN und WU vorgestellt. Sie ist eine Frame-basierte Sprache zur Modellierung von Ontologien und stellt eine Integration frame-basierter Sprachen mit dem Prädikatenkalkül erster Ordnung dar. F-Logik entspricht syntaktisch gesehen einer Obermenge der Prädikatenlogik erster Stufe (FOL, first oder logic). Die Ausdrucksmächtigkeit beider Sprachen ist allerdings äquivalent, d.h. jedes F-Logic-Programm und jeder F-Logic-Ausdruck kann in ein äquivalentes FOL-Programm oder in einen äquivalenten FOL-Ausdruck übersetzt werden.[Erdm01; ApBD04]

F-Logic berücksichtigt die strukturellen Aspekte objektorientierter und frame-basierter Sprachen und setzt Konzepte um wie Objektidentität, Vererbung, polymorphe Typen, Kapselung und Abfragemechanismen. Dabei wird von der Annahme ausgegangen, dass die Repräsentation der Realität aus Objekten besteht, die eine Identität besitzen. Diese Objekte sind Instanzen von Klassen (die hier den Konzepten einer Ontologie entsprechen) und können an Relationen zu anderen Objekten teilnehmen. Diese Relationen werden durch Methoden spezifiziert und sind entweder funktional (einwertig) oder mengenwertig (mehrwertig).[ApBD04, S.74]

F-Logic bildet eine ausdrucksmächtige formale Sprache, insbesondere auch zur Spezifikation von Ontologien. Relationseigenschaften wie Transitivität und Inverse können jedoch nicht „direkt" spezifiziert werden, sondern sind als (deduktive) Inferenzregeln zu formulieren.[ApBD04, S.76]

Einerseits ist F-Logik objektorientiert und unterstütz alle Modellierungskonstrukte (Klassen, Beziehungen, Klassenhierarchien, Vererbung), die das objektorientierte (OO) Paradigma anbietet. Andererseits besitzt F-Logik die Ausdrucksmächtigkeit von deklarativen Sprachen. Zudem können Regeln zwischen den Objekten als logische Formeln definiert werden.[Kosc07, S.20]

Eine Implementierung der F-logik findet sich im deduktiven Datenbanksystem Ontobroker. In Ontobroker wurde eine Inferenzmaschine integriert, die unter anderem die in F-logik beschriebenen Ontologien und die darin enthaltenen generischen Regeln lesen und verarbeiten kann. Somit kann implizites Wissen gewonnen werden.

Die F-logik ist eine objektorientierte Sprache mit einer großen Ausdrucksmächtigkeit, die allerdings nicht entscheidbar ist. Es werden keine eindeutigen Interpretationen zugelassen. Darüber hinaus existieren für F-Logik keine adäquaten Visualisierungsmöglichkeiten also auch keine Serialisierung nach XML (keine Unterstützung von Datentypen). Die Semantik von ausdrucksstarken Logikprogrammen ist kompliziert.[Kosc07]

Eine Abbildung mit dem Vergleich der beschriebenen und weiteren Sprachen wird im Anhang A4 dargestellt.

3.6 Auswahl einer Sprache

Die Wahl der Ontologiesprache hat erhebliche Auswirkungen auf die gesamte Infrastruktur und die Unterstützung der Szenarien in einem Projekt. Dabei spielen nicht allein die funktionalen Aspekte wie Möglichkeiten und Einschränkungen jeder einzelnen Sprache eine große Rolle. Sondern auch die Kompatibilität der Sprache, die über das Ziel hinausreichen kann und ebenfalls berücksichtigt werden sollte.[BuWR06]

Die Auswahl einer Ontologiesprache als Kandidat für die zu erbauende Ontologie beginnt mit der Recherche der aktuell (meist) genutzten Sprachen. Nach [Card07] ist dies momentan die Sprache OWL. Nachdem dies getan ist, sollten für die Auswahl Überlegungen und Kriterien zu den erwünschten Erfordernissen erfolgen, in denen die gewünschten Charakteristika wieder gefunden werden können. Damit aus diesen Überlegungen, die eine Sprache, abgeleitet werden kann.

Mittlerweile werden in der Praxis mehrere Sprachen genutzt, die verschiedene Besonderheiten beinhalten und auf die Erfordernisse mit den getroffenen Charakteristika und Überlegungen analysiert werden müssen. Weiterhin spielen für die Beurteilung und Auswahl der zu ableitenden Ontologiesprache, Vorkenntnisse der mit ihr arbeitenden Personen und Fragen, wie

1. Language Support und Standardisierung
2. Datenmodell und Fähigkeiten: Reichtum der expressiven Möglichkeiten der Sprache
3. Anfragen: Fragen zu denen Funktionen der Abfragesprachen für eine repräsentative Sprache
4. Leistung: Ausdruckskraft der Sprache
5. Sonstige Probleme, aktueller Gebrauch der Sprache und Darstellung, oder Verbindungen mit der nicht Ontologie Quellen

eine große Rolle. In diesen Überlegungen darf die Effektivität, Effizienz und Nachhaltigkeit der zu wählenden Sprache nicht vernachlässigt werden, so dass sich Fragen ergeben können, wie:

- Löst die Ontologie das vorgegebene Problem mit der gefundenen Sprache?
- Wird das Problem wirtschaftlich gelöst?

Da sich jedoch die Sprachen im groben ähneln, und sich anhand ihrer Aussagekraft unterscheiden lassen, kann es dazu führen, dass nach der Recherche mehrere Sprachen für die Auswahl in Frage kommen können.

Es sollte im klaren sein, dass die Ontologiesprache im Grundsatz:

- die für die Wissensrepräsentation zur Verfügung stehende Ausdrucksmächtigkeit und damit auch

- den Rahmen für die Darstellung und Verknüpfung von Informationen sowie für die Ableitung zusätzlicher Information
- den Rahmen für Anfragemöglichkeiten an Wissensbasen
- den formalen Rahmen, dem sich sowohl Komponenten als auch Anwender unterordnen
- die Austauschbarkeit von Modellen und Daten innerhalb von Systemkomponenten, aber auch über die Grenzen hinaus bestimmt.[BuWR06]

Da die Ausdrucksmächtigkeit entscheidend den Modellierungsprozess und die Zusammenarbeit der daran beteiligten Personen beeinflusst, ist sie ebenfalls eine der Größen nach denen eine Sprache ausgewählt werden sollte. Sie bestimmt maßgeblich den Raum möglicher Anfragen an das System einer Ontologiesprache. Deshalb können Ontologiesprachen auch nur sinnvoll mit einem sog. Reasoner eingesetzt werden, der die logischen Schlussfolgerungen ausführt.[BuWR06]

Ein weiterer Aspekt ist der hybride Ansatz, bei dem versucht wird, die gewünschten Eigenschaften existierender Ontologierepräsentationssprachen zu kombinieren um die jeweiligen negativen Eigenschaften zu kompensieren. Dabei kann bei dem hybriden Ansatz die erste Ontologiesprache (z.B. OWL FULL) zwar der Domain-Modellierung und der Kommunikation zwischen Domainexperten und Ontology Engineer dienen. Doch zur Laufzeit wird diese Ontologie dann unter Inkaufnahme eines Verlustes an Ausdruckskraft auf eine zweite Modellierung (z.B. in F-Logic) überführt, in der ausschließlich die minimal erforderlichen Systemkompetenzen enthalten sind, diese dann aber zur Laufzeit hochperformant und skalierbar ausgeführt werden. Die Interpretation der Modelle zur Laufzeit entspricht dann nicht notwendigerweise vollständig der formalen Semantik des Ursprungsmodells.

Neben den bereits genannten Aspekten, wie etwa der Ausdrucksmächtigkeit, sind folgende Punkte für die Repräsentationssprache von Bedeutung:

- Effiziente Auswertung im Rahmen der Anwendung: Für die gewählte Ontologiesprache bzw. deren Untermenge muss im Rahmen der Anwendung eine effiziente Auswertung möglich sein. Widersprüche treten auf, wenn quasi Echtzeit-Verhalten gefordert ist und auf der anderen Seite große Instanzmengen zu verarbeiten sind und aufgrund der Art der Regeln, Axiome etc. komplexe Algorithmen erforderlich sind.
- Verbreitung, Standardisierung: Dies betrifft die Offenheit und Erweiterbarkeit des Systems. Ein wesentlicher Aspekt beim Einsatz von Ontologien ist neben der Explizitheit und Transparenz der Modelle die Austauschbarkeit und Wiederverwendbarkeit. Dabei ist zu unterscheiden zwischen der Unterstützung einer Ontologie-Sprache im Sinne einer Export-/Import-Funktionalität und der Verwendung von Repositories, Reasonern

etc., die konsequent auf das entsprechende Format gründen und damit auch dessen Semantik weitestgehend unterstützen.

- Werkzeugunterstützung: Nicht allein die Unterstützung durch Repositories und Reasoner, sondern auch die Werkzeugunterstützung für das Ontology-Engineering bilden eine wichtige Grundlage für den Aufbau einer Infrastruktur, die auch die Erweiterung und Wartung der Modelle einschließt. Dies betrifft alle erforderlichen Aufgaben, die im Rahmen der Anwendung anfallen (Erfassen/Extrahieren von Instanzen, Klassen, Relationen, Axiomen, Regeln, "Debugging" von Modellen, Erstellen von Queries u.v.m.).

- Formale Semantik vs. intuitive Semantik: Die formale Semantik einer Modellierungssprache bestimmt die Interpretation der Modelle durch Reasoner. Dabei sollte die Erwartungshaltung von Anwendern nicht im Konflikt mit dem Antwortverhalten des Systems stehen, d.h. es muss ein Mindestverständnis der formalen Semantik vorausgesetzt werden. Da die formale Semantik von Ontologie-Sprachen nicht trivial ist, kann dies problematisch sein. Dabei muss aber der Subset der Sprache betrachtet werden, der für die Anwendung relevant ist. Für Endanwender sind viele Aspekte der Ontologie-Repräsentation gekapselt (über angepasste Oberflächen, bestimmte Workflows) und Aufgaben, wie etwa die Generierung von Suchanfragen welche, automatisch und als Hintergrundaktivität ausgeführt werden. Die "Sicht" auf die Möglichkeiten der Ontologie-Repräsentation und Modellierungskonstrukte ist eine domänen-spezifische. Konflikte dieser speziellen Sicht mit der formalen Semantik müssen vermieden werden. Dies gilt v.a. für die Erweiterung und Wartung der Modelle. Diese kann so organisiert werden, dass die technische Infrastruktur die Möglichkeiten der Modellierung so einschränkt, dass mögliche Konflikte minimiert werden und ein stark an die Domäne angepasste Benutzerschnittstelle angeboten wird. Dies ist allerdings mit entsprechendem Aufwand verbunden. Eine andere Möglichkeit besteht in der inkrementellen Formalisierung, die über die Domänenexperten und die Modellierungsexperten geht.[BuWR07,S.26]

Zum Schluss hängt die Wahl für eine Ontologiesprache von den Ergebnissen der Konzeptualisierung ab, da sich nicht jede Logik gleich gut zur Abbildung jeglicher Sachverhalte eignet. Daher wird das konzeptionelle Modell bis dahin nicht in einer Sprache der formalen Logik, sondern mit einer Übergangsnotation gebildet. Beispiele derartiger Notationen finden sich in dem Vorgehensmodel von Methontology wieder. Die Verwendung einer Übergangsnotation hat mehrere Gründe. Zum einen hängt die Wahl einer formalen Ontologiesprache im Allgemeinen erst von den Ergebnissen der Konzeptualisierung ab, da sich nicht jede Logik gleich gut zur Abbildung jeglicher Sachverhalte eignet. Zum anderen vervollständigt die

Konzeptualisierung, die in der Anforderungsanalyse zur Strukturierung des festen Anwendungsbereichs dient und ein sog. Konzeptuelles Modell des Anwendungsbereichs als Ergebnis liefert, klassifiziert und beschreibt die Begriffe im Detail und setzt diese in Beziehung zueinander. Insbesondere sollten Überlegungen wie die Entscheidbarkeit und Performanz der Modellierungssprache die Konzeptualisierung nicht beeinflussen, da sie die natürliche Modellbildung stören.[SeTo05]

3.7 Ontologieentwicklung

Beim Erstellen einer Schnittstelle die auf Ontologien basiert, führt kein Weg an der Betrachtung der Entwicklung von Ontologien vorbei. Daher werden in diesem Abschnitt auf die wesentlichen Merkmale der Ontologie-Entwicklung eingegangen.

Die Entwicklung einer Ontologie gilt als die Achilles-Ferse von ontologiebasierten Verfahren. Der Grund liegt in der höheren Aufwendung gegenüber einer Schemamodellierung oder Schemaintegration mittels höherer Ausdrucksmächtigkeit und in der geringen Anzahl der methodischen Ansätze für die Entwicklung einer Ontologie.[Schm09]

Die Entwicklung ist kein einfacher Prozess. Ihre Konstruktion hängt in hohem Maße von ihrer Komplexität und ihrem Einsatzzweck ab [Voss03, S.1]. Es ist ein sehr zeitaufwändiger, kostenaufwendiger und entsprechend kostenintensiver Prozess. Sie benötigt spezielle Personen, die auf die Erstellung von Ontologien spezialisiert sind wie bspw. (Domänen-)Experten oder Ontologie-Ingenieure. Ontologien werden überwiegend klassisch im Interview oder Workshop ermittelt und mittels eines Ontologie-Tools abgebildet. Einem Bericht des University of Strathclyde zu Folge sollen im Jahr 2003 die Kosten für die manuelle Erstellung eines Konzepts für eine Ontologie mit 40 Pound[45] betragen [Broe05, S.119]. Wenn bedenkt wird, dass bereits kleine Ontologien durchaus mehrere Hundert Konzepte und Relationen beinhaltet. Zusätzliche Kosten entstehen bei Ontologien mit geringen Fehlertoleranzen wie im militärischen oder medizinischen Bereich [Broe05, S.119].

Entscheidend bei der Entwicklung von Ontologien sind ihre Modellierungstiefen. Da der Verwendungszweck im Vordergrund stehen sollte und nicht die Modellierung eines Weltmodells, wird ein gemeinsames, formalisiertes Verständnis des Anwendungsgebietes modelliert

Ein allgemeingültiges und vollständiges Vorgehen für Entwicklung einer Ontologie lässt sich nicht finden bzw. hat sich nicht etabliert. Jedoch ähnelt der Entwicklungsprozess einer Ontologie trotz unterschiedlicher Anforderungen am ehesten einem Software- oder Datenbankentwurf.

---

[45] Umgerechnet 56,73 Euro

Ihre Gemeinsamkeiten liegen in den vier Phasen Entwurf, Entwicklung, Pflege und Evaluation. Wobei sich nach der Entwicklungsphase, die Nutzungsphase anschließt. Dadurch ergibt sich ein gemeinsames Vorgehensmodell bei der Modellierung von Ontologien. In den letzten Jahren haben sich daher für den Entwurf einer Ontologie mehrere Vorgehensmodelle und Methodiken herausgebildet, die spezifische Anforderungen von Ontologien berücksichtigen.[visi06, S.6; Voss03, S.1]

Mittlerweile wird die Ontologieentwicklung auch als „Ontology-Engineering" bezeichnet. Sie steht für sämtliche Aktivitäten, die den Entwicklungsprozess und den Lebenszyklus einer Ontologie betreffen, sowie die während der Ontologieentwicklung eingesetzten Methoden, Werkzeuge und Sprachen [Phil08, S.53]. Ziel ist es, einen Vorgang für die Entwicklung von Ontologie zu komponieren, der die bisher eher intuitiv und spontan ablaufenden Entwicklungs- und Realisierungsprozesse für Ontologien, strukturierter und nach einem Vorgehensmodell arbeitend, nutzen bringend einsetzen lässt [Gómez-Pérez et al. 2005][46]. Es beruht auf der Annahme, dass Modelle der Wirklichkeit, die die Basis kollaborativen Arbeitens bilden sollen, wie Automaten entworfen werden können [BlPe08]. Im Gegensatz zu Software Engineering handelt es sich bei Ontology Engineering um eine relativ junge Disziplin. Daher entwickeln und wenden Forschungsgruppen in der Regel eigene Methodiken zur Konstruktion einer Ontologie an. Dadurch sind die bestehenden Vorgehensmodelle zur Ontologieentwicklung nicht in allen Teilaspekten vollständig. Deshalb werden neben grundlegenden Verfahrensweisen meist spezifische Aspekte der Ontologieentwicklung diskutiert. Aus diesem Grund ist es erforderlich, die bestehenden Methoden und Werkzeuge zu analysieren und sie bezüglich der eigenen und projektspezifischen Anforderungen auszuwählen bzw. zu modifizieren.[47][SeTo05]

Abbildung 3.10 stellt zur Veranschaulichung die Phasen einer Ontologieentwicklung vor, die sich innerhalb eines iterativen und rückgekoppelten Vorgangs mit dem zurückgreifen auf Methoden ergeben.

---

[46] http://www.semantic-web.at/8.32.catchword.61.ontology-engineering.htm, letzter Zugriff 22.03.2011

[47] Eine ausführliche Analyse bestehender Methoden und Werkzeuge findet sich u.a. in [CoFG03.]

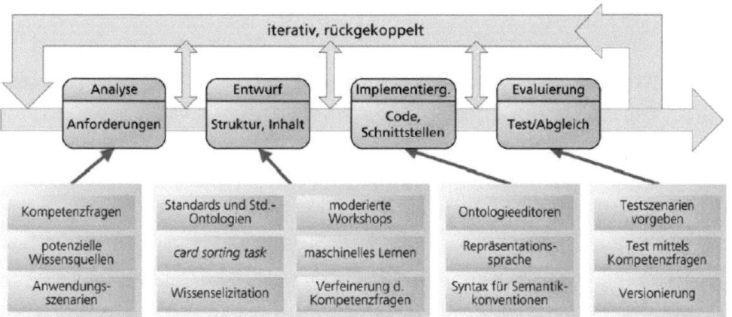

Abbildung 3.10: Phasen der Ontologieentwicklung[48]

3.7.1 Drei Stufen der Ontologieentwicklung

Die Methoden, die zur Erstellung von Ontologien herangezogen werden, betrachten die soziale und kollaborative Komponente des Erstellungsprozesses als „Black Box" und schlagen vor allem Top-down-Vorgehensmodelle vor.[BlPe08, S.14]

Nach den Autoren [MiNV02] kann die Entwicklung einer Ontologie, anhand des Umfangs und ihrer Gültigkeit, in drei Teile untergliedert werden.

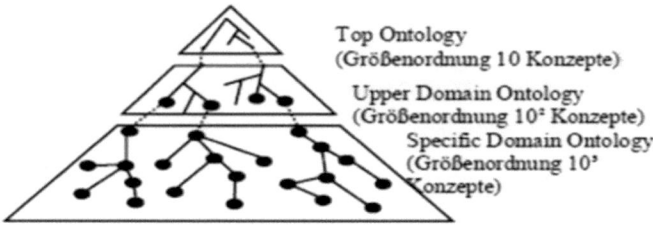

Abbildung 3.11: Dreiteilung der Entwicklung einer Ontologie[49]

Zu Anfangs der Entwicklung steht eine *top level ontology*, die die Hauptarten und Hauptstrukturen von Konzepten (Objekte, Eigenschaften, Relationen und Axiomen) festgelegt. Die Konzepte sollten für jede mögliche Domäne anwendbar sein und liegen in dieser Stufe im 10er Bereich. Damit eine Wiederverwendbarkeit über verschiedene Domänen gewährleistet werden kann,

---

[48] Quelle: [visi06 S.7]
[49] Quelle: [Draba03]

muss weiterhin in dieser Stufe, die praktische Anwendbarkeit der top level ontology berücksichtigt werden.[Draba03]

Die mittlere Ebene bildet die *upper domain ontology*. Um diese zu Erstellen, müssen die Schlüsselkonzepte einer Domäne identifiziert und entsprechend der *top level ontology* beschrieben werden. Die *upper domain ontology* enthält meistens ein paar hundert Konzepte der entsprechenden Anwendungsdomäne.[Draba03]

Die letzte Ebene bildet schließlich die *specific domain ontology*. Diese Stufe repräsentiert den gegenwärtigen Problembereich der Ontologieentwicklung. Denn während viele Ontologieprojekte es schaffen, eine *upper domain ontology* zu erstellen, stellt der Übergang zur letzten Stufe ein großes Hindernis dar, welches meist nur unter Inkaufnahme von Inkonsistenzen und Einschränkungen überschritten werden kann. Die *specific domain ontology* stellt somit die eigentliche Aufgabe und Herausforderung des Ontologieentwicklers dar.[Draba03]

> *"Once the formal principles and the basic domain concepts have been assessed (a result eventually achieved in many projects) ontology engineers must face the timeconsuming and expensive task of populating the ontology and making it accessible to the user of a given virtual community[MiNV2002]."*

3.7.2 Methoden der Ontologieentwicklung

Bis heute wurden zahlreiche Methodologien zur Erstellung von Ontologien und ontologiebasierten Systemen entwickelt. In der Literatur finden daher sich zahlreiche Methoden und Werkzeuge die für deren Erstellung verwendet werden können. Der Grund hierfür liegt vor allem in der hohen Heterogenität der Methodologien des Ontology Engineering und starken Abhängigkeit von ihren jeweiligen Anwendungsgebieten [Glei08, S. 107]. Eine Übersicht zu Methoden und Werkzeugen für die Erstellung von Ontologien findet sich in [JoBV98; Lope99; CoFG03; Sure03]. Die Vorgehensweise und Voraussetzungen dieser Methoden kann in drei Typen unterschieden werden:

(1) Keine Existenz von Basis-Dokumenten, die für die Erstellung einer Ontologie verwendet werden können. Dies verlangt nach einer von Grund auf neuen Erstellung einer Ontologie. Hiermit beschäftigen sich Methoden wie Uschold&Grüninger, SENSUS, On-To-Knowledge, METHONTOLOGY, etc.

(2) Existenz eines bereits vorhandenen Wissens in mehr oder weniger strukturierter Form (bspw. in Datenbanken, Komponentenontologien, etc.). Dies beschreiben die Ansätze DILIGENT, InfoSleuth, KRAFT, OBSERVER, IPROMPT, etc.

(3) Erstellung einer Ontologie aus komplett unstrukturierten Textdokumenten unter Nutzung von Information Extraction sowie Natural Language Processing (NLP)

Techniken. Dies wird unter dem Begriff Ontology Learning beschrieben. Beispiele sind hier die Ansätze von Kietz et al. sowie Aussenac-Gilles beschrieben.[SiLa07, S.72]

Die Klassifikation mit denen eine Methodologie zum Design einer Ontologie klassifiziert werden kann, können mit Hilfe der vorgeschlagenen neun verschiedenen Kriterien von Mariano Fernández López geschehen. Obwohl diese Kriterien schon 1999 vorgestellt wurden, stellen sie nach wie vor ein hilfreiches Raster zur Analyse der vielen verschiedenen Methodologien dar.[Lope99]

Diese Kriterien sind:

- *„Einflüsse durch Knowledge Engineering* Bereits vor dem breiten Einsatz von Ontologien gab es Ansätze zum „Wissensmanagement". Es ist hilfreich für das Verständnis von Methodologien, sie auf diese Einflüsse hin zu überprüfen.

- *Detailgrad der Methodologie* Wie detailliert wird das empfohlene Vorgehen beschrieben? Sind das konkrete Vorgehen und der Einsatz von Tools Bestandteil der Methodologie?

- *Art und Weise der Formalisierung* Wie soll das zu erfassende (semantische) Wissen syntaktisch abgebildet werden?

- *Anwendungsabhängigkeit* Gibt es einen konkreten Anwendungsbereich, auf den die Methodologie ausgelegt ist oder findet die Entwicklung abstrakt statt?

- *Vorgehen zur Auswahl von Konzepten* Hier gibt es die grundlegenden Konzepte „bottom-up" (von konkreten zu abstrakten Konzepten), „middleout" (von den wichtigsten Konzepten zu den abstrakteren und konkreteren) sowie „top-down" (von abstrakten zu konkreten Konzepten).

- *Empfehlungen zum Lebenszyklus?* Wird auf implizite oder explizite Weise ein bestimmter Lebenszyklus für die zu entwickelnde Ontologie vorgeschlagen, etwa durch Angabe der erwarteten Lebensdauer?

- *Standardkonformität* Bezieht sich die Methodologie auf die im IEEE Standard 1074-1995 beschriebenen Methoden zur Entwicklung von Software- Produkten?

- *Empfohlene Techniken* Gibt es konkrete Vorschläge, wie bestimmte Aktivitäten im Ontology Engineering ausgeführt werden sollen?

- *Anwendung* Welche Ontologien und welche Systeme wurden mit der vorgeschlagenen Methodologie bereits entwickelt?"[Glei08, S. 107]

Grundsätzlich kann die Entwicklung einer Ontologie in sieben aus mehreren Aktivitäten bestehenden Schritten untergliedert werden. Dabei entspricht sie einem „evolving prototype life cycle"-Modell, wodurch auf jede beliebige Phase eine beliebige andere Phase folgen kann [Phil08, S.54].

(1) Spezifikation: Identifizierung des Zwecks und Verwendung(-szenarien) der zu entwickelnden Ontologie. Wodurch eine Bestimmung der Domäne oder Anwendung, und ihre dazugehörigen Anforderungen erfolgen, können.

(2) Konzeptualisierung: Dazu gehört das erfassen, konzeptualisieren und formalisieren des Wissens. Sowie die Beschreibung der zu erstellenden Ontologie in einem konzeptuellen Modell. Damit diese den ermittelten Anforderungen aus der ersten Phase entspricht.

(3) Implementierung: Transformation des konzeptualisierten Modells in eine Repräsentationssprache. Die Allerdings nicht die endgültige Form darstellt

(4) Integration: Falls existierende Ontologien vorhanden sein sollten, werden diese integriert

(5) Evaluation der Ontologie

(6) Dokumentation der Ontologie

(7) Modifikation und Wartung: Neben der Wartung, wird der erstellte Prototyp einer Ontologie solange Modifiziert bis die Evaluation das gewünschte Resultat erbringt oder die in der Spezifikation definierten Anforderungen erfüllt werden.

Da die Entwicklung und Erstellung einer Ontologie je nach Einsatzziel ein komplexer, zeit- und kostenintensiver Prozess ist, sollte der erste Schritt einer Ontologie-Entwicklung wohl überlegt sein. Deshalb ist dieser meist der wichtigste und schwierigste Schritt. Es ist wichtig den Grund für die Entwicklung einer Ontologie zu bestimmen und festzustellen welche möglichen Nutzungsformen gewünscht werden. Die Beantwortung der Fragen, lässt den Typ einer Ontologie bestimmen und bildet die zentrale Funktion, den Rahmen für das zu modellierende Wissen zu stecken. Weiterhin bilden sie die Grundlage, um bei der Generierung der Ontologie Hilfestellung für die Relevanz und repräsentierenden Eigenschaften zu leisten.[Simu08]

Um eine Ersparnis in Kosten und Zeit zu ermöglichen und möglichst vielen Anwendern das gemeinsame Nutzen der Ontologie zur Verfügung zu stellen, empfiehlt es sich eine schon entwickelte Ontologie wieder zu verwenden. Das auch unter dem Begriff Ontologie-Sharing bekannt ist.[Schob08]

Das Vorgehen während einer Ontologie-Entwicklung wir in Abbildung dargestellt:

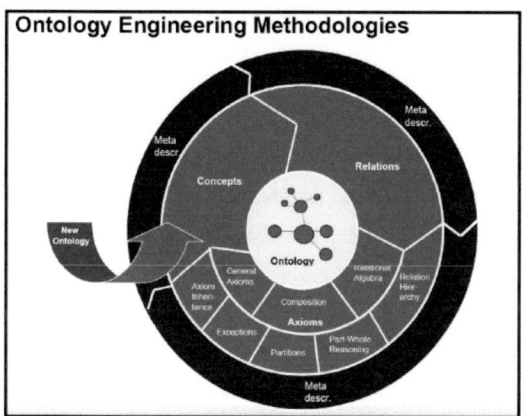

Abbildung 3.12: Entwicklung einer Ontologie[50]

Zur Erstellung einer Ontologie kann nach folgenden Schritten verfahren werden.

1. *Wahl einer Strategie (top-down, bottom-up oder middle-out). Meist wird wohl eine middle-out-Strategie am sinnvollsten sein.*
2. *Bildung einer Taxonomie der Begriffe, die auch teilweise im Dokument selbst vorkommen, aber natürlich auch spezialisiert und generalisiert werden müssen. Hierbei kann man sich im Rahmen des Requirement Engineering an den parallel entwickelten Glossaren orientieren, die auch alle Begriffe beinhalten, die für das zukünftige System von Interesse sind.*
3. *Integration der Begrifflichkeiten in die Ontologie, die die Wissensbasis des Senders (Schreibers) widerspiegeln. Also die Informationen über das Umfeld des zukünftigen Systems, die zukünftigen Nutzer des Systems, sowie alle Informationen die beim Aufnehmen der Requirements durch verschiedene Personen geäußert werden.*
4. *Wurden die Begriffe in Hierarchien eingeordnet (die Taxonomie umfasst also alle entscheidenden Konzepte), werden unter Rücksprache mit Domänen-Experten Verbindungen zwischen diesen Konzepten gesucht und beschrieben sowie die Ontologie formalisiert, dokumentiert, evaluiert und getestet.*
5. *Verwendung der erstellten Ontologie um das Dokument zu annotieren[SiLa07].*

Im Zuge der Entwicklung können bei der Betrachtung der verschiedenen Methodologien qualitative Veränderungen nachvollzogen werden. Frühere Methodologien wie Uschold und King oder Grüninger und Fox schlagen nur grundlegende und unvollständige Vorgehensmodelle vor, wohingegen fortgeschrittene Varianten wie Methontology oder Ontology Development 101

---

[50] Quelle: [Maed00]

bereits umfassende Empfehlungen für den gesamten Projektumfang und den Lebenszyklus des Ontology Design liefern.[Glei08, S. 107]

3.8 Werkzeuge

In der Praxis können Ontologien nicht ausschließlich mit formalen Sprachen entworfen werden, da diese eine relativ hohe Einarbeitung und Praxiserfahrung erfordern. Aus diesem Grund wurden verschiedene Editoren und Entwicklungsumgebungen entwickelt, die den Entwickler einer Ontologie, Unterstützend während des gesamten Entwicklungsprozesses Schritt für Schritt begleiten. Beispiele hierfür sind:

- Prot´eg´e-2000 (Stanford)[51]
- OntoEdit (Ontoprise GmbH, Karsruhe)[52]
- OilEd (Manchester)
- Ontobroker[53]

Mit Hilfe dieser Entwicklungshilfen kann sichergestellt werden, dass die Qualität bzw. das Qualitätskriterium der zu entwickelnden Ontologie und die Kriterien der Deckung, des Konsens (Gemeinsame Sichtweise innerhalb einer Domänen-Ontologie) und der Zugänglichkeit (leicht Integrierbarkeit in Anwendungen) erfüllt werden.[Draba03] Der Erfolg für eine Gute Ontologie ist eng verbunden mit der Qualität der verfügbaren Werkzeuge. Da sich jedoch Entwicklungstools ebenfalls in der Entwicklungsphase befinden, ist ihre Anwendung in manchen Fällen problematisch.

Die vorhandenen Werkzeuge erlauben es Ontologien von Grund auf neu zu entwickeln oder bestehende Ontologien wiederzuverwenden bzw. erneut wieder verwenden zu können. Neben der Möglichkeit des Editierens bieten heutige Werkzeuge u.a. auch die Funktionen der Dokumentation, des Browsing, des Exportierens und Importierens von verschiedenen Sprachformaten, die Visualisierung der Ontologie und Ontologie-Bibliotheken an [vgl. Jerr10, S.19]. Weiterhin ist es einigen von ihnen möglich verschiedene vorhandene Ontologien, die für das gleiche Anwendungsgebiet erstellt wurden, in einer gemeinsamen Ontologie zu vereinen. Ein weiterer Vorteil in der Nutzung der Werkzeuge liegt in dem Ermöglichen von teilautomatisierten Ableitungen von Ontologien aus natürlich sprachlichen Texten. Anhand der angebotenen Werkzeuge können diese in verschiedene Kategorien untergliedert und die wie folgt unterschieden werden:

---

[51] http://protege.stanford.edu/ letzter Zugriff 22.03.2011

[52] http://www.ontoprise.de/ letzter Zugriff 22.03.2011

[53] Ebd.

- *Entwicklungswerkzeuge* dienen der Ontologie-Entwicklung. Es werden Funktionen, wie das Editieren, die Dokumentation, das Browsing, der Ex- und Import von verschiedenen Sprachformaten, die Visualisierung, Bibliotheken unterstützt. Dies soll helfen, dass Entwickelte Ontologien den geforderten Qualitätsansprüchen entsprechen.

- *Kombinations- und Integrationswerkzeuge* unterstützen die Vereinigung von Ontologien. Es können damit mehrere Ontologien für dieselbe Anwendungsdomäne in einer vereint werden.

- *Evaluationswerkzeuge* tragen eine besonders große Rolle. Da sie die Qualität von Ontologien und verbundenen Technologien gewährleisten sollen.

- *Annotationswerkzeuge* dienen der Verknüpfung von Webseiten mit entsprechenden Konzepten einer Ontologie. Sie finden vor allem im Zusammenhang mit Semantic Web Anwendung.

- *Speicher- und Anfragewerkzeuge* werden für den Gebrauch und die Erleichterung von Anfragestellungen an Ontologien verwendet. Auch Werkzeuge, die Ableitungen aus Ontologien generieren können (sog. „inference engines"), fallen in diese Kategorie.

- *Lernwerkzeuge* ermöglichen semi-automatisierte Ableitung von Ontologien aus natürlich-sprachlichen Texten.[Wich07, S.66f., Jerr10, S.19f]

Im Folgenden sollen zwei der angesprochenen Werkzeuge, nämlich Protégé und Ontobroker beschrieben werden.

Protégé

Protégé ist ein Editor der als Projekt an der Stanford University in Kalifornien im Jahre 1987 gestartet und konzipiert wurde. Seit dem wurden mehrere Versionen des Editors herausgebracht, wobei die aktuelle Version der Protégé 4.1 beta (März 2011) ist. Protégé ist ein Editor bzw. Werkzeug zur Modellierung von Ontologien und dient somit der Entwicklung einer Ontologie. Seine Entwicklungs- und Laufzeitumgebung ist in Java programmiert, was den Vorteil der Betriebssystemunabhängig hat. Zudem erlaubt es die Integration zusätzlicher PlugIns, die die Funktionalität erweitern. Ein solches PlugIn kann die erstellte Ontologie grafisch abbilden. Es ist ebenfalls möglich, in Protégé einen externen Reasoner zu starten, der die Ontologie auf die Konsistenz und Fehlerhaftigkeit untersucht. Das Wissensmodell, auf dem Protégé aufgebaut ist, basiert auf dem OKBC-Protokoll (Open Knowledge Base Connectivity).[Chaudhri et al. 98]

Die Komponenten des Wissensmodells von Protégé, aus denen die Ontologie aufgebaut werden kann, sind Klassen, Slots und Instanzen. Anhand der Slots können bestimmte Eigenschaften der Klassen ausgedrückt werden. Bei Protégé werden unter Eigenschaften einer Klasse sowohl Relationen als auch Attribute verstanden [NoMc01].

Die Ontologieentwicklung erfolgt bei Protégé über eine grafische Benutzerschnittstelle. Durch das Anklicken von Registern (tabs), die jeweils zu einer anderen Bildschirmansicht führen, werden die verschiedenen Funktionalitäten von Protégé dem Anwender zur Verfügung gestellt.[Bos05, S.34]

Ontobroker ist ein Wissensmanagementsystem das auf Ontologien basiert. Es wurde im September 1997 auf der Deutschen Jahrestagung „Künstliche Intelligenz" in Freiburg zum ersten Mal der Öffentlichkeit vorgestellt.

„Als Laufzeit-System zur Verarbeitung der Ontologien und als Middleware- Server werden so genannte Inferenzmaschinen genutzt. Der OntoBroker ist ein deduktives Datenbanksystem zur Verarbeitung von Prädikatenlogik. Damit können mächtige Wissensmodelle (Ontologien) zur Repräsentierung von Wissensdomänen, komplexer Zusammenhänge, regelhafter Beziehungen erstellt und verarbeitet werden [AnNi06]. "

Ontobroker ist in der Lage verschiedene Ontologie-Repräsentationssprachen zu verarbeiten und ermöglicht den Zugriff auf verschiedenartig strukturierte Quellen. Außerdem erlaubt er das Ableiten von neuem Wissen aus den vorhandenen Fakten. Im Wesentlichen besteht Ontobroker aus vier Komponenten: dem Info Agenten, der Inference Engine, der Query Engine und dem DB-Manager. Abbildung 3.16 gibt einen Gesamtüberblick auf die Architektur mit den Kernmodulen von Ontobroker wieder.

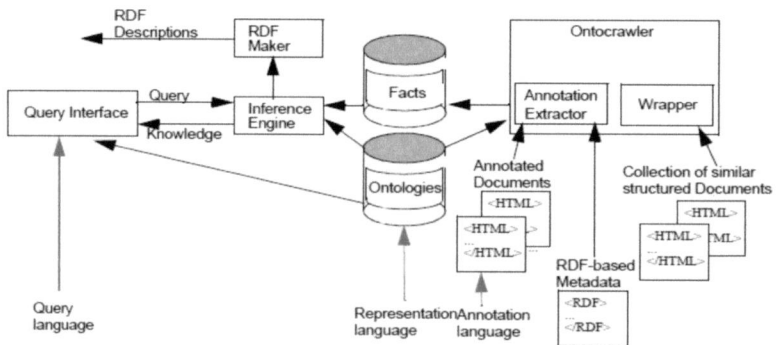

Abbildung 3.13: Ontobroker-Architektur[54]

- Kernkomponente von Ontobroker ist die Inferenzmaschine, die das in der Ontologie und in der Faktenbasis bereitgestellte Wissen verarbeitet, um die an das System gestellten Anfragen zu beantworten. Die Inferenzmaschine basiert auf einem Übersetzungsansatz, der Frame Logic in mehreren Schritten in Logikprogramme transformiert, so daß bekannte Techniken aus dem deduktiven Datenbankbereich eingesetzt werden können.

---

[54] Quelle: [StAD99]

- Der Ontocrawler sammelt die in den Wissensquellen vorhandenen bzw. aus ihnen extrahierbaren ontologischen Fakten ein und legt sie in der Faktenbasis ab. Dabei können ontologische Fakten in drei verschiedenen Varianten bereitgestellt werden:
    1. HTML-Quellen können mit semantischer Information annotiert werden unter Verwendung der Annotierungssprache HTMLA. Wesentliches Entwurfskriterium ist dabei, redundante Information soweit als möglich zu vermeiden.
    2. Metadaten, die in Form von RDF-Beschreibungen (Resource Description Framework) [RDF] vorliegen, werden eingelesen, nach Frame Logic übersetzt und in die Faktenbasis gespeichert.
    3. Für regelmäßig strukturierte Wissensquellen werden Wrapper bereitgestellt, die die relevanten semantischen Informationen aus diesen Quellen extrahieren.
- Die Benutzungsschnittstelle für den Endbenutzer visualisiert die Ontologie in einer hyperbolischen Darstellung, in der Konzepte im Zentrum groß, Konzepte am Rande dagegen klein dargestellt werden. Damit wird für den Endbenutzer eine Focus-orientierte Visualisierung der Ontologie erreicht. Diese hyperbolische Darstellung ist mit einer tabellarischen Schnittstelle zur Spezifikation der Anfragen kombiniert. Durch diesen Ansatz kann der Benutzer Anfragen an Ontobroker formulieren, ohne mit der spezifischen Anfragesyntax vertraut zu sein.
- Die RDF-Maker Komponente erzeugt aus den ontologischen Fakten, die in der Faktenbasis abgelegt sind, entsprechende RDF-Fakten. Dabei können durch die Verwendung der Inferenzmaschine zusätzliche RDF-Fakten abgeleitet werden. Durch RDF-Maker wird Ontobroker in die durch die W3C-Standards geprägte Anwendungswelt eingebunden.[StAD99]

„Der OntoBroker ist ein patentiertes System zur Verarbeitung von Wissensmodellen (Ontologien) und wird eingesetzt, um Informationen aus verteilten Datenquellen inhaltlich zu integrieren, die Bedeutung von Informationen zu beschreiben und damit für Computer-Systeme nutzbar zu machen."[55]

Ontobroker ist die einzige kommerzielle Inferenzmaschine zur Verarbeitung von Ontologien, die alle SemanticWeb-Empfehlungen des W3C unterstützt: OWL, RDF, RDFS, SPARQL und zusätzlich den Industriestandard F-Logic.[56] Die Ontologieentwicklung erfolgt beim Ontobroker ebenfalls über eine grafische Benutzerschnittstelle.

---

[55] http://www.innovationspreis.com/teilnehmer/teiln2003/short334.html, letzter Zugriff 01.2009

[56] http://www.ontoprise.de/deutsch/start/produkte/ontobroker/, letzter Zugriff 22.03.2011

4 Entwurf des Konzepts der Schnittstelle

Um das Ziel der Integration von verteilt vorliegenden Informationen beispielhaft darzustellen richtet sich nach den begrifflichen Grundlagen und Darstellung der einzelnen Technologien, das Augenmerk im Folgenden auf die Entwicklung und den Entwurf des Konzepts. Das Konzept soll damit zu einer Schnittstelle zur Integration von Informationen aus verteilt vorliegenden Informationsquellen führen.

Für das Erreichen dieser Zielsetzung ist eine systematische Vorgehensweise von Vorteil. Daher wird der Erstellungsprozess für den Aufbau der Schnittstelle in einzelne Phasen unterteilt. Dies erlaubt dem Entwickler die verschiedenen Aspekte der Schnittstelle getrennt voneinander zu betrachten. Für die zu entwickelnde Schnittstelle wird eine Anforderungsanalyse durchgeführt, um die Anforderungen an den Prototypen identifizieren zu können. Desweiteren können die zu erwartenden Integrationskonflikte bestimmt, benötigte Funktionalitäten ermittelt und anschließend in der Implementierung umgesetzt und berücksichtigt werden.

In Abbildung 4.1. wird ein mögliches für den Entwicklungsprozess geeignetes Modell dargestellt, das die relevanten Entwurfsbereiche und Prozessschritte abdeckt. Da es sich bei der Schnittstelle um eine Webbasierte-Lösung handelt, wird ein Modell gewählt, dass Gemeinsamkeiten mit Prozessmodellen für die Entwicklung von Webseiten hat. Die Gemeinsamkeiten dieses Modells mit anderen Prozessmodellen, die in der Literatur zu finden sind, liegen in der übereinstimmenden Berücksichtigung der Phasen Anforderungsanalyse, Domänenmodellierung, Design und Implementierung. Die Phasen Test und Wartung liegen nicht im Umfang dieser Arbeit und sind daher nicht Teil der zu berücksichtigenden Aktivitäten.

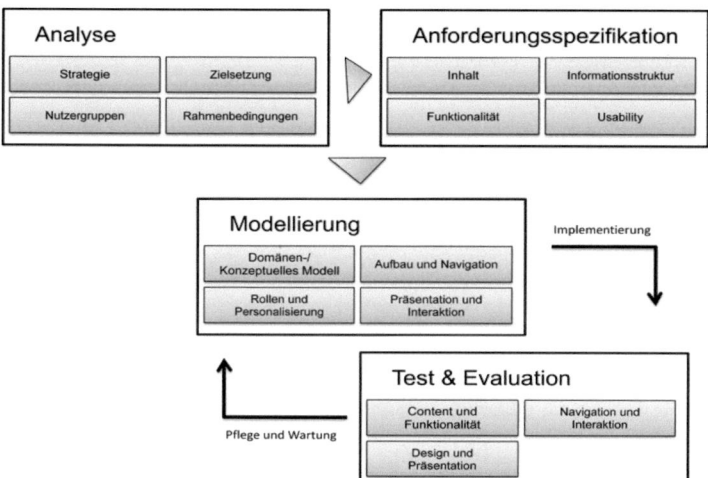

Abbildung 4.1: Phasen im Web Engineering[57]

Grundsätzlich ist zunächst eine Analyse von Anforderungen durchzuführen. Hierzu zählen die Festlegung der Strategie, des Inhalts und der Funktionalitäten des Konzepts um die erwünschte Zielsetzung zu erreichen. In einem weiteren Schritt werden die gegebenen Rahmenbedingungen untersucht und die Nutzergruppen identifiziert. Darauf aufbauend erfolgt der Entwurf eines Modells, das neben der Klassifizierung des Informationsbestands auch den strukturellen Aufbau und das Design des Konzepts beschäftigt. Das entstehende Modell stellt den Ausgangspunt für einen implementierbaren Prototypen dar.

4.1 Anforderungsanalyse

In diesem Abschnitt werden die generellen Anforderungen, die an den zu implementierenden Prototypen gestellt werden, vorgestellt. Dazu ist es zu Anfangs erforderlich die mögliche Zielgruppe der Schnittstelle zu beschreiben. Da von diesen die Inhalte und Leistungen einer Schnittstelle abhängen, die sie erhalten soll. Danach werden auf die sichtbaren Eigenschaften und Funktionen der Schnittstelle eingegangen. Aus diesen Betrachtungen sollen die einzelnen Kernpunkte angeschnitten werden, die sich dem Anwender mit der Schnittstelle direkt zeigen.

---

[57] Eigene darstellung (karakol) nach http://www.hci.iao.fraunhofer.de/projekte/forschungsprojekte/wise.jsp, letzter Zugriff 22.01.2011

4.1.1 Zielpublikum der Schnittstelle

In diesem Abschnitt soll das Zielpublikum umrissen werden. Die Zielsetzung, die mit der Schnittstelle verfolgt wird, ist in naher Zukunft vielleicht im kommerziellen Bereich genutzt zu werden. Indem sie allen möglichen Benutzern zur Verfügung gestellt werden kann.

Da es sich um einen Prototyp handelt, stellen (Fach-)Experten (die Grundwissen von OWL, Ontologien und SKOS mitbringen) die Hautzielgruppe dar. Als nächste Zielgruppe gelten Anwender, die zwar keine Experten der Domäne sind, aber trotzdem Wissen über diesen oder jenen Bereich der Domäne verfügen.

Dies hat zwei Gründe. Zum einen bringt diese Art der Benutzergruppe ein Vorwissen mit. Indem sie den Inhalt einer Anwendungsdomäne bzw. Informationsquelle sehr gut kennen oder daran interessiert sind. Damit sind sie in der Lage, die jeweiligen Bereiche informal am ehesten beschreiben zu können. Zum anderen ist die Erstellung von Ontologien ein sehr komplexer und kollaborativer Prozess, der nicht einfach und schnell zu erlernen ist. Da lokale Ontologien nach ihrer Transformierung von Metadaten mit Fehler behaftet sein können, ist diese Gruppe am fähigsten geeignet diese auf Anhieb selbst zu korrigieren. Des Weiteren ist es ihnen möglich, das Vokabular der jeweiligen Domäne kollaborativ am besten festzulegen.

4.1.2 Aufgaben und Strategie der Schnittstelle

Da es sich um eine Schnittstelle mit speziellen Anforderungen handelt, gilt es Überlegungen für das Design des Konzepts zu treffen. Die Schnittstelle soll wie ein Webbrowser benutzt werden, in dem auf einfachste Weise Informationenquellen und die Wissensbasis durchforstet werden soll. Zu den Aufgaben der Schnittstelle gehört das Hochladen und Präsentieren der globalen und lokalen Ontologie in graphischer Art und Weise. Sowie die Integrierung der lokalen Ontologie in die globale Ontologie mit anschließender graphischer Darstellung.

4.1.3 Account eines Anwenders

Es ist die Pflicht eines jeden Anwenders, sich über eine Registrierungsfunktion der Schnittstelle anzumelden. Dies dient der Vorsicht, da somit die Eingaben kontrolliert und mutwillige falsche Eingaben unterbunden werden. Darüber hinaus wird jedem Anwender eine freie Speichermenge und Ablagestruktur zur Verfügung gestellt, damit dieser seine Angaben speichern und vor Augen hat.

4.1.4 Ontologien laden und graphisch darstellen

4.1.4.1 Ontologie erstellen

Die Schnittstelle soll es dem Anwender gestatten ein XML-Format (XML-Datei) oder RDF-Ontologie (RDF-Datei) über eine Funktion in die globale Ontologie integrieren zu lassen. Dazu ist es erforderlich, dass sie Dateien mit den Endungen *.xml oder *.rdf aufnehmen und hochladen lässt. Nach dem Hochladen soll diese Datei automatisch in eine OWL-Ontologie transformiert und graphisch in einer Smart-Tree-Darstellung präsentiert werden. An dieser Stelle ist zu beachten, dass die automatisch erstellte Ontologie nicht unbedingt korrekt sein muss und eine Änderung durch den Experten erfordert. Da dies weitere erhebliche Funktionalitäten erfordert, wie bspw. das Finden und Aussuchen der Fehlerquelle, die Berichtigung etc. wird dies nicht Teil der Aufgabe sein. Dies kann jedoch in einer weiteren wissenschaftlichen Arbeit untersucht werden.

4.1.4.2 Ontologie laden

Die Schnittstelle soll im Stande sein, eine bereits erstellte Ontologie aufnehmen und hochladen zu können. Hierbei ist es für die möglichst große Übereinstimmigkeit und einfache Integration der Informationsquellen Pflicht, dass sie in OWL ist. Nach erfolgreichem Hochladen, soll diese ebenfalls grafisch in einer Smart-Tree-Darstellung präsentiert werden.

4.1.4.3 Integrieren der Ontologien

Nach erfolgreichem Hochladen oder erstellen einer lokalen Ontologie, soll diese mit der globalen Ontologie zusammengeführt werden. Die Integration der lokalen Ontologie erfolgt anhand eines Tools hinter dem eine automatische Methode mit einem Algorithmus sitzt. Nach erfolgreichem Verschmelzen der Ontologien sollen die Verbindungen zwischen der lokalen und globalen Ontologie in einer Matrix-Darstellung präsentiert werden.

4.1.4.4 Ontologien sichern

Jede lokale Ontologie die transformiert oder direkt als OWL-Datei hochgeladen wurde, wird ihrem Besitzer mittels einer ID zugeordnet und im Account des Besitzers gespeichert. Die globale Ontologie wird nach jeder Änderung und jedem Zusammenschluss mit lokalen Ontologien versioniert, entsprechend in einer hierarchischen Struktur angeordnet und an einer zentralen Stelle gespeichert.

4.1.4.5 Bearbeiten und Löschen der Ontologien

Wie bereits erklärt, wird die Funktion der Bearbeitung und Löschung der lokalen und globalen Ontologien nicht bereitgestellt. Dies hat den Grund, dass nach erfolgter Integrierung der lokalen Ontologie in die große Ontologie, eine Bearbeitung oder das Löschen der lokalen Ontologie zu gravierenden Änderungen in der globalen Ontologie führt. Diese sind nur mit komplexen Schritten zu lösen. Der Recherche nach möglichen Verfahren und das Aussuchen eines Ansatzes würde den Zeitrahmen negativ beinflussen und ist daher nicht Teil der Arbeit.

4.1.4.6 Darstellung

Ontologie (einzeln)

Wenn eine Ontologie geladen worden ist, sollte sie sich dem Benutzer graphisch darstellen. Eine erste Möglichkeit ist die *SmartTree*-Darstellung. Sie bietet einen übersichtlichen Überblick auf die jeweilige Ontologien. Es werden nur Konzepte dargestellt, wobei Eigenschaften zumindest in der ersten Überblicksdarstellung weggelassen werden. Da diese zur eigentlichen Struktur der Ontologie nicht viel beisteuern. Im Falle des Verlangens auf Verfeinerung zu einem Konzept, kann dies über eine entsprechende Auswahlfunktion die nächste Hierarchiestruktur der jeweiligen Konzepte eingesehen werden. Ein Beispiel findet sich in Abbildung 4.2a

Zusammenführung der Ontologien

Der Zusammenschluss der Ontologien soll anhand einer Matrix-Browser-Darstellung präsentiert werden. Dies soll einen guten Überblick geben, in welchen Teilen der Ontologien eine Verbindung bzw. Veränderung auftreten. Ein Beispiel für eine mögliche Ansicht findet sich in Abbildung 4.2b

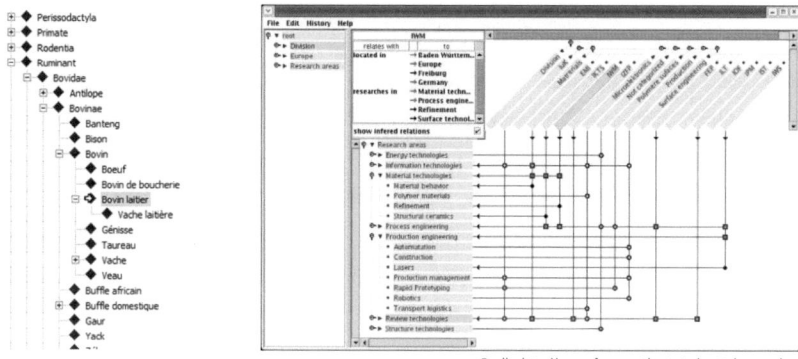

Quelle: http://sourceforge.net/projects/matrixbrowser/

a) Smart-Tree-Browser   b) Matrix Browser

Abbildung 4.2: Darstellung der Ontologien (einzeln und zusammengeführt)

Im Idealfall müssen die Sichten so miteinander in Verbindung gebracht werden, dass sich der aktuelle Fokus beim Wechseln der Sicht erkennen lässt. Für ein Konzept innerhalb einer dieser Ontologien ergeben sich folgende Explorationsziele:

- *Das Explorieren der Oberkonzepte des Konzepts entlang dem Pfad bis zur Wurzel*
- *Betrachten der Knoten auf der selben Hierarchie-Ebene*
- *Finden aller Unterknoten des Konzeptes*
- *Betrachten der Eigenschaften*
- *Anschauen der zugehörigen Instanzen zum Konzept*
- *Anzeigen aller Detailinformationen, wie Kommentaren und Annotationen zu dem Konzept [JeZi08, S.6].*

Für die Darstellung nach dem Zusammenführen gilt, dass der Anwender die Unterschiede zwischen den beiden Ontologien betrachten möchte. Mögliche Ziele für die Darstellung sollten sein:

- Das die Möglichkeit des Betrachten von Konzepten, Eigenschaften und Instanzen, die in der ersten Ontologie, jedoch nicht in der zweiten Ontologie enthalten sind, präsentiert werden.
- Zudem sollte sie das Finden von fehlenden Konzepten, Eigenschaften und Instanzen, die in der ersten Ontologie jedoch nicht in der zweiten Ontologie enthalten sind, darstellen.
- Als letztes sollte mit der Darstellung das Betrachten von Konzepten, Eigenschaften und Instanzen, die zwar in beiden Ontologien auftauchen jedoch geringfügig voneinander abweichen, ermöglicht werden.[Jerroudi et a. 08, S.7; JeZi08,S.7]

4.2 Allgemeine Anforderungen an die Schnittstelle

In diesem Abschnitt sollen die Anforderungen, die sich für die Schnittstelle ergeben, beschrieben werden. Aufgrund der vergleichbaren Problemstellung und Anforderungen, können die Anforderungen des Prototyps mit der Fusionierung von Daten aus Datenbanken verglichen und abgeleitet werden. Diese lassen sich wie folgt beschreiben:

- *Datenzugriff:* Zum ersten Schritt der Integration zählt die Realisierung des Zugriffs über ein entsprechend gewähltes Protokoll auf Daten oder Informationen aus unterschiedlichen verfügbaren Quellen. Sowie die möglichst vollständige Bestimmung der Semantik der zu integrierenden Daten.
- *Datenintegration:* Für die Daten aus den einzelnen heterogenen Quellen ist eine integrierte Sicht zu schaffen, die sie in einem homogenen Modell präsentiert und dadurch die Integrationskonflikte behebt. Indem die Daten in ein gemeinsames Datenmodell transformiert werden.
- *Analyse und Verdichtung:* Durch das Verbinden und Verschmelzen soll eine Verdichtung der Daten erfolgen, um Informationen mit einer neuen Qualität zu gewinnen.
- *Präsentation und Weiterverarbeitung:* Die gewonnenen Informationen sind entsprechend ihrer Strukturierung zu präsentieren bzw. zur Weiterverarbeitung bereitzustellen
- *Repräsentation von Metainformationen: W*esentliche Voraussetzung für die Integration von Informationen ist das Vorhandensein von Metainformationen. [vgl. CoSS99, S.4f]

Dementsprechend lassen sich die folgenden (funktionalen) Anforderungen beschreiben, die durch die Architektur des Prototypen bereitgestellt werden soll.

- Transformation: Die Informationsquellen müssen in ein für die Schnittstelle geeignetes semantisches Datenmodell überführt bzw. transformiert werden. Diese ist eine OWL-Ontologie, da sie zum Standard des Semantic Web gehört und mit dem SKOS-Vokabular genutzt werden kann.
- Verbinden und Verschmelzen: Die erstellten oder hochgeladenen Ontologien müssen mit der globalen Ontologie fusioniert werden. Dazu sind die nötigen Anforderungen und Prozesse zu untersuchen.
- Präsentation: Die Möglichkeit der Darstellung von Ontologien soll mittels verschiedener Visualisierungstechniken gewährleitet werden.

Da es sich um eine ontologiebasierte Informationsintegration handelt, wird die Analyse mit ontologiebasierter Informationsintegration begonnen.

4.3 Ontologiebasierte Informationsintegration

Wie aus den vorherigen Kapiteln hervorgeht, liegen heute Daten und Informationen in einer enormen Menge und einer Vielzahl von heterogenen Ablegemöglichkeiten vor. Vor allem die rasche Entwicklung des Internet hat, wie bereits beschrieben, dazu geführt, dass in ihr eine enorme und kontinuierliche steigende Menge an heterogenen Informationsquellen vorliegen. Die Heterogenität der Daten und Informationen wird potenziert durch die unterschiedlichen Möglichkeiten, diese in verschiedensten Schemata und Formaten zu modellieren und abzuspeichern. Zudem entsteht die Notwendigkeit der Informationsintegration dadurch, dass typischerweise unterschiedliche Informationssysteme das gleiche oder ähnliche Anwendungsgebiete aus unterschiedlichen Sichten betrachten [MaMo03, S.45]. Infolgedessen steht ein effizienterer Zugang zu verschiedensten Arten von Informationen seit langem im Fokus der Entwicklung der Informationstechnologie [Mamm06, S.4]. Dabei ist die Integration von Daten aus heterogenen Informationsquellen ein bekanntes Forschungsthema in verschiedenen IT-Bereichen, Forschung und Unternehmen und wird immer wieder neu erforscht. Vor allem im Datenbankbereich stellt sie ein altes und bis heute am weitesten analysiertes Problem dar. Sie wird in unterschiedlichen Systemen auf verschiedene Art und Weise umgesetzt [EuSh07, S.10].

Aufgrund der verschiedenen Anwendungsgebiete finden sich unter dem Aspekt der Informationsintegration Lösungen für solche Probleme wie Schema-Integration [Batini u. a. 1986, Sheth und Larson, 1990, Spaccapietra und Parent, 1991, Parent und Spaccapietra, 1998], Datenlagerung [Bernstein und Rahm, 2000], Datenintegration [Chawathe u. a. 1994, Wache u. a. 2001, Tuchhändler u. a. 2001, Halevy u. a. 2005], und Katalogintegration [Agrawal und Srikant, 2001, Ichise u. a. 2003, Bukett u. a. 2003c, Giunchiglia u. a. 2005a].[EuSh07, S.11]

Da gleiche Sachverhalte mit unterschiedlichen Begriffen beschrieben werden, führt dies zu Konflikten. Zudem stellt für die Integration von Daten neben der syntaktischen auch die semantische Sicht ein großes Problem dar [LeNa07, S.50]. Neue Ansätze verfolgen das Ziel die Datenintegration mit Ontologien zu unterstützen. Indem semantische Informationen aus heterogenen Quellen in Ontologien modelliert und als sehr starke Schemabeschreibung für die Integration einbezogen werden. Des Weiteren stellen sie als übergeordnete konzeptuelle Modelle dabei ein gemeinsames semantisches Vokabular über mehrere Informationsquellen hinweg bereit. Dadurch sollen sie für Probleme insbesondere der Detektion und Behebung der Probleme, die bei der Integration heterogener Datenbestände auftreten können, dienen. In diesen Integrationsmethoden übernehmen Ontologien im Wesentlichen drei Aufgaben:

1. *Zum einen bieten sie eine anwendungsunabhängige und damit neutrale Struktur zur Beschreibung von Informationen in unterschiedlichen Informationsquellen und werden daher oft als globales Datenmodell verwendet.*

2. Zum anderen werden formale Definitionen in Ontologien verwendet, um implizite Annahmen bezüglich der Interpretation von Informationen aus unterschiedlichen Quellen.
3. Schließlich können Inferenzmethoden für Ontologien verwendet werden, um Inkonsistenzen im integrierten Modell zu identifizieren, die zu beheben sind, bevor das integrierte Modell genutzt werden kann.[Stuc09, S.225f]

Informationsquellen sind vielfältig, wie bspw. klassische relationalen Datenbanksysteme, Dateien, Daten (auf die mittels Web Services oder HTML-Formularen zugegriffen wird), datenproduzierende Anwendungen oder integrierte Informationssysteme. Eine idealtypische Grundarchitektur der Informationsintegration wird in der Abbildung 4.3. dargestellt.

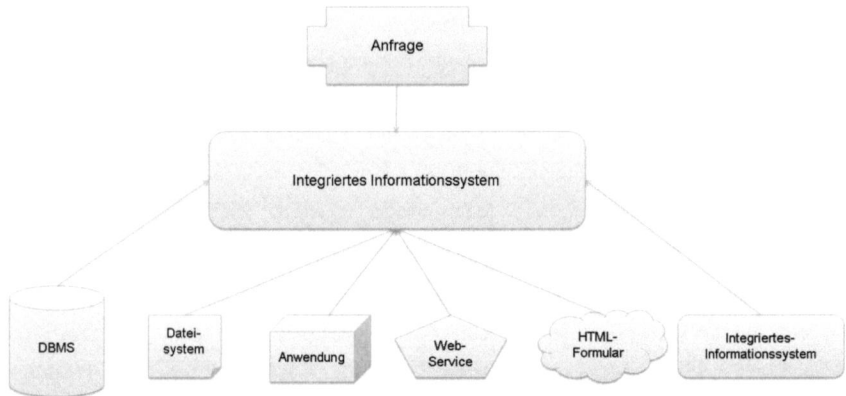

Abbildung 4.3: Grundarchitektur der Informationsintegration[58]

Vorgreifend soll an dieser Stelle eine Abbildung einer möglichen ontologiebasierten Datenintegrationsarchitektur nach [Gagn07, S.5] und [EuSh07, S.12] vorgestellt werden. In dieser Architektur wird ein allgemeines Informationsintegrationsszenario präsentiert. Auf der untersten Ebene existieren eine Reihe lokaler Informationsquellen in verschiedenen Formaten (wie bspw. SQL, DDL, XML, oder RDF). Diese werden mittels eines Wrapper zu lokalen Ontologien LO1... LON transformiert. Nach erfolgreicher Transformation können die einzelnen lokalen Ontologien mit der globalen Ontologie (CO) zusammengeschlossen bzw. verbunden werden. Dadurch beinhaltet diese die ganzen lokalen Informationen. Dies erlaubt Anwendern, kein unnötiges Befragen einzelner lokaler Informationsquellen. Anhand der Alignments A1 wird die Anfrage transformiert und über den Mediator an die Wrapper der beteiligten Informationsquellen weitergeleitet. Am Ende werden die Ergebnisse dem Benutzer in kombinierter Form präsentiert.[Gagn07, S.5; EuSh07, S.12]

---

[58]Quelle: [Lena07, S.7]

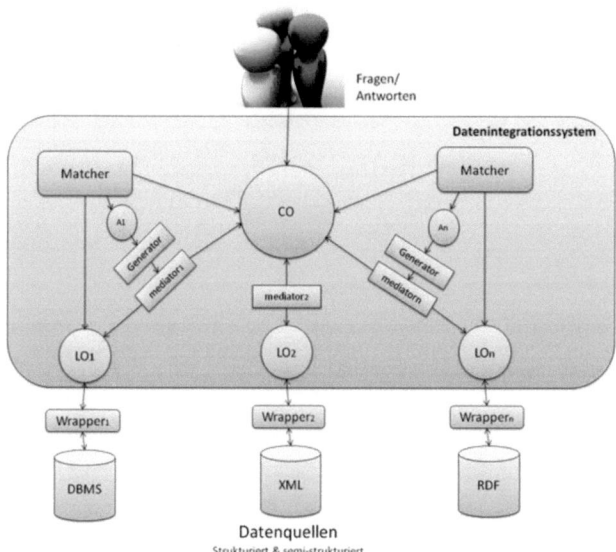

Abbildung 4.4: Ontologiebasierte Datenintegrationsarchitektur[59]

4.3.1 Analyse der Informationsintegration

Dieser Abschnitt beschäftigt sich mit der Analyse der gegenwärtigen Entwicklungen und Problemen auf dem Gebiet der Informationsintegration. Der Fokus liegt auf bestehenden, sowie den erforschten Problemfeldern dieses Bereichs und abschließender Vorstellung der Lösungsidee. Grundsätzlich kann das Ziel aus dem Folgendem und sehr abstrakten Bild entnommen werden.

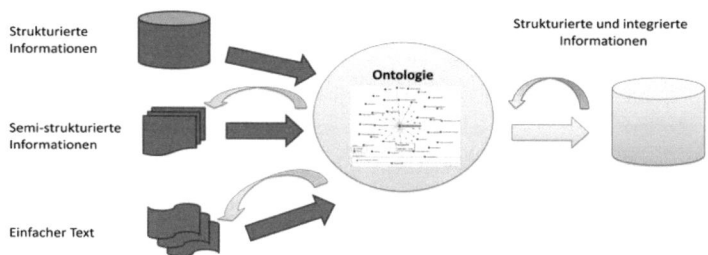

Abbildung 4.5: Grundidee[60]

---

[59] Quelle: [Gagn07, S.5; EuSh07, S.12]

[60] Quelle: karakol nach [Studer et al. 02, S.5]

Die Integration beschreibt Eigenschaften, um gesammelte oder gespeicherte Daten zu verdichten und zusammen zu führen. Semantische Integration ist dabei der Prozess von matching, merging und fusing individueller Daten oder Schemas, um eine globale und einheitliche bzw. vereinigte Ansicht zur Verfügung zu stellen [Gagn07]. Deshalb schließt es die Transformation von Datenquellen in eine einheitliche Ansicht und die Auflösung von Heterogenitätskonflikten ein [FiBa03].

Im folgenden Abschnitt werden die grundlegenden Schritte, die eine semantische Integration erfordert, beschrieben.

4.3.2 Operationen der Datenintegration

Es gibt eine Vielzahl an Integrationsoperationen auf Datenquellen. Darüber hinaus gibt es verschiedene Situationen, in denen Daten unverändert von Datenquellen gesammelt und andere in denen Daten durch semantische Integrationen in höhere Ebenen überführt werden, wie bspw. in der Entscheidungshilfe und Daten- oder Informationsfusion. Grundsätzlich gehören folgende Operationen zum Daten- oder Schema-Matching oder anderen Datenintegrationen:

- **Sammlung**: Datengegenstände werden unverändert gesammelt. An dieser Stelle gibt es noch kein Zusammenbringen mit gleichwertigen Datengegenständen, die aus verschiedenen anderen Quellen stammen.
- **Fusion**: Die Integration von Datengegenständen geschieht durch eine einfache Extraktion. Dafür sind keine weiteren abstrahierenden Berechnungen erforderlich. Im Gegensatz zu den Datensammlungsansätzen wird die Fusion eines Datenobjekts in Verbindung mit semantischer Verknüpfung in gleichwertigen Datengegenständen durchgeführt, die aus verschiedenen Quellen stammen. Außerdem versuchen die Fusionsprozesse, konsequente Darstellungen zu bestimmen. Es ist anzumerken, dass sogar die Integration auf dem Datenfusionsniveau sehr schwierig ist. Oft ist es unmöglich zu entscheiden welcher Datenwert richtig ist oder Datenobjekte zu identifizieren.
- **Abstraktion**: Transformationen können auf die Quelldaten angewandt werden, um das Abstraktionsniveau zu vergleichen. Die Abstraktion umfasst Funktionen um Daten anzusammeln, die Neuordnung von Entitäten oder kompliziertere schlussfolgernde Prozesse.
- **Ergänzung**: Daten werden nicht nur aus dem Objekt abgeleitet, sondern auch mit zusätzlichen Beschreibungen, die ihnen hinzugefügt werden und den Inhalt oder Zusammenhang des Objektbeschreiben (wie bspw. mit Metadaten) beschrieben werden. Solch eine Integration wird verwendet, um implizite Semantik von Gegenständen zu

behandeln. Diese Operation wird dann notwendig, wann auch immer Datenquellen kein Schemata haben oder wenn die Integration auf einem Metadaten-Schema basiert.

- **Ansammlung und Gruppierung** sind weitere wohl bekannte Datenintegrationsoperationstypen.[Gagn07, S.2][61]

4.4 Klassifikation von Integrationskonflikten

Bei der Integration von Informationen aus heterogenen Quellen und verschiedener Anbieter zum Zweck einer gemeinsamen Nutzung von Informationen können vielfältige Probleme auftreten. Die Heterogenität gilt als eines der zentralen Hauptprobleme. Diese müssen aufgelöst werden, um eine sinnvolle Zusammenführung von zusammengehörigen Informationen und Daten aus verschiedenen Informationsquellen zu erreichen. Sie tritt in der Praxis in unterschiedlichsten Formen und zusammenhängen auf. Zudem sind Heterogenitätsprobleme und Integrationskonflikte Thema verschiedener Bereiche und Ansätze. Da die Konflikte vielfältig sein können, wird eine Klassifikation benötigt, die die Vielzahl der möglichen Konflikte in Kategorien einordnet. Eine detaillierte und umfassende Zusammenstellung von Klassifikationen der Integrationskonflikte findet sich in der Dissertation von Wache [Wach03] wieder.

Nach [Gagn07] und [Stuc09] lassen sich allgemein drei Hauptkonfliktkategorien erkennen:

1. *Syntaktische Heterogenität:* Sie betrifft Konflikte, die auf der syntaktischen Ebene entstehen. Dies sind Fälle in denen Informationsquellen unterschiedliche Datenmodelle (entity-relationsship, objektorientiert) verwenden, um Informationen darzustellen, wie bspw. der Versuch Informationen aus relationalen Datenbanken mit anderen Formaten wie Tabellenkalkulationen oder Textdateien kombinieren zu wollen. Dadurch dass heute Daten auf verschiedene Weise repräsentiert werden können, sind Formattransformationen nötig. Mit der Veröffentlichung offener Standards, wie z.B. XML, ist die syntaktische Heterogenität nicht mehr eine technische sondern eine politische Herausforderung [Doer05].

2. *Strukturelle Heterogenität oder Schematische Heterogenität:* Sie deutet an, dass verschiedene Informationssysteme ihre Daten in verschiedenen Strukturen abspeichern. Genauer handelt es sich hierbei, auf welche Art und Weise Informationen, Konzepte und Argumentationen in Informationsquellen gegliedert, benannt und geregelt werden [Doer05]. Probleme hierbei können sein, das Informationsquellen unterschiedliche Relationen verwenden um dieselben Daten darzustellen. Diese Art von Konflikten können

---

[61] Eigene sinngemäße Übersetzung der Quelle

mittlerweile mit Techniken aus der Datenbankentwicklung recht gut überwunden werden [Doer05].

3. *Semantische Heterogenität* bedenkt den Inhalt eines Informationsgegenstands und seine beabsichtigte Bedeutung. Sie entstehen, wenn Informationsquellen unterschiedliche Begriffe verwenden, um die gleichen Elemente eines Anwendungsgebietes zu beschreiben. Oder die gleichen Begriffe für unterschiedliche Aspekte verwenden. Damit eine semantische Interoperabilität in einem heterogenen Informationssystem gewährleistet wird, muss die Bedeutung der Informationen, die ausgetauscht werden, über die Systeme hinweg verstanden werden.[Goh et al. 99; Stuc09, S.215f]

Semantische Konflikte kommen vor, wann auch immer "zwei Zusammenhänge" nicht dieselbe Interpretation der Information verwenden. Die kontextuelle Perspektive in Betracht ziehend identifiziert [Goh et al. 99] drei Hauptgründe zu semantischer Heterogenität:

1. Verwechselnde Konflikte kommen vor, wenn Informationspunkte dieselbe Bedeutung zu scheinen haben, aber sich in Wirklichkeit z.B. wegen verschiedener zeitlicher Zusammenhänge unterscheiden.

2. Skalierende Konflikte kommen vor, wenn verschiedene Verweise oder Referenzen von Systemen verwendet werden, um einen Wert zu messen. Beispiele sind verschiedene Arten.

3. Namengebungs-Konflikte kommen vor, wenn sich Namengebung-Schemas der Information bedeutsam unterscheiden. Ein häufiges Phänomen ist die Anwesenheit von Homonymen und Synonymen.[Gagn07,S.2[62]].

Park und Ram analysierten semantische Konflikte, indem sie die Ergebnisse von mehreren früheren Studien zusammenfassten. Die Autoren trennten die semantischen Konflikte von denjenigen, die an der Instanzebene und Schemaebene vorkommen. Tabelle 4.1 präsentiert die Taxonomie der Resultate, die sich aus dieser Analyse und aus der Vereinigung der früheren Studien ergab. [Gagn07, S.2f[63]].

---

[62] Eigene sinngemäße Übersetzung der Quelle

[63] Eigene sinngemäße Übersetzung der Quelle

Datenebenen-Konflikte
Datenwert: verschiedene Bedeutungen (Synonyme, Homonyme)
Datenrepräsentation: verschiedene Formate
Daten- Maßeinheiten: verschiedene Wert-Einheiten
Daten Genauigkeit: bspw. Verschiedene Einstufungen, granulare Verschiedenheiten, Sprache
Schemaebnen-Konflikte
Namensgebung: Entität und Attribut, Homonyme und Synonyme, verschiedene Etiketten
Datentyp: verschiedene Bezeichnungen
Schema-Isomorphismus: verschiedene Attribute
Generalisierung: verschiedene Konzepte
Ansammlung: ein Attribut für viele Attribute
Schematische Diskrepanzen: verschiedene Strukturen

Tabelle 4.1: Taxonomie von semantischen Konflikten[64]

Solch eine Konflikttaxonomie ist vor allem bei der Entwicklung von effizienten automatischen Mapping-Algorithmen nützlich. Der reine Schemaebenen- Ansatz, ohne Datenebenen-Interoperabilität, kann auf das Erzielen der Interoperabilität zwischen verschiedenen Schemas hinauslaufen, die semantisch verschieden, aber strukturell ähnlich sein können. Deshalb ist es notwendig höchste Interoperabilität auf beiden Niveaus in vielen Anwendungen zu erreichen. [Gagn07, S.3[65]].

4.5 Integrationsarchitekturen

Integration bedeutet eine Form der Zusammenarbeit zwischen mehreren Benutzern und mehreren Quellen von Daten. Bei der Nutzung von Ontologien für eine Informationsintegration, können diese (wie in Abbildung 4.6 dargestellt) verschiedene Rollen einnehmen. In diesem Abschnitt werden diese drei Rollen vorgestellt, in denen Ontologien als explizite Beschreibung von Informationsquellen verwendet werden. Die Ansicht resultiert u.a. aus den Beobachtungen von [Wache et. al, S.2].

---

[64] Quelle: Karakol nach [Gagn07, S.3]

[65] Eigene sinngemäße Übersetzung der Quelle

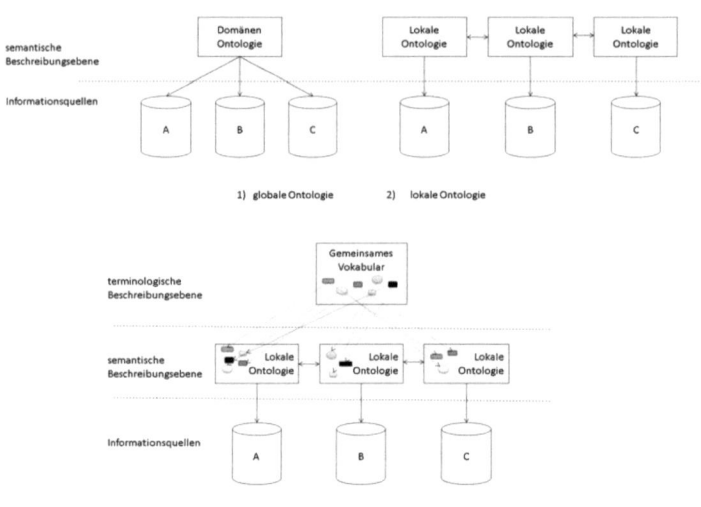

Abbildung 4.6: Architekturansätze mit Ontologien[66]

Globale (Single) Ontologie-Ansatz

Bei diesem ersten Ansatz wird eine globale Ontologie als ein übergreifendes Modell für die Spezifikation der Semantik für ein bestimmtes Anwendungsgebiet verwendet. Sie stellt das gemeinsame Vokabular der Informationsquellen bereit, prominentes Beispiel hierfür ist der SIMS-Ansatz. Dadurch beziehen sich alle Quellen auf diese globale Ontologie und werden mit Hilfe des globalen Vokabulars beschrieben. Der Nachteil dieser Architektur ist, dass sie im Falle von ähnlichen Informationsquellen effizient arbeitet. Oder alle Informationsquellen aus einem ähnlichen Bereich stammen und sich daher in ihrer Perspektive nicht stark unterscheiden. Dadurch würde sich eine Integration der Quellen als relativ einfach erweisen, da Anfragen auf alle Quellen mit Hilfe der globalen Ontologie möglich wären. Falls jedoch die Quellen untereinander eine hohe Heterogenität aufweisen, würde es besonders schwierig sein, ein gemeinsames Vokabular zu finden. Dies hätte als Folge, dass bei jedem Hinzufügen einer neuen Quelle die globale Ontologie angepasst werden müsste, was zu einem hohen Aufwand führen würde. Dies führt zu Defiziten in der Flexibilität und Skalierbarkeit.[Wach03; Wach03a]

Mehrfacher (Multi) Ontologie-Ansatz

Beim dem mehrfachen Ontologie Ansatz wird jede einzelne Informationsquelle durch ihre eigene, lokale Ontologie charakterisiert. Prominentes Beispiel hierfür ist OBSERVER, in der die Semantik einer Informationsquelle mit einem domänenspezifischen Vokabular beschrieben

---

[66] Quelle: karakol nach[Wach03; Wach03a]

wird. Im Prinzip werden in diesem Ansatz, die Konzepte und Ideen einer Informationsquelle mit Hilfe eines der Quelle entsprechenden Vokabulars festgelegt und dargestellt. Zwar besitzt dieser Ansatz dadurch die gewünschte Flexibilität und Skalierbarkeit, indem das Hinzufügen von neuen Quellen wesentlich einfacher ist, da keine globale Ontologie angepasst werden muss. Doch beinhaltet dieser Ansatz ebenfalls erhebliche Probleme. Der Mangel an einer globalen Ontologie führt dazu, dass verschiedenen Ontologien nach unterschiedlichen Kriterien erstellt werden. Dies erschwert aber den Vergleich zwischen den Informationsquellen, da kein gemeinsames Vokabular existiert, mit dem Anfragen auf die Quellen ausgeführt werden können.[Wach03; Wach03a]

Hybrider Ansatz

Der dritte Ansatz stellt einen ontologiebasierten Ansatz zur Beschreibung von Informationen dar und versucht die Defizite und Probleme der beiden vorherigen Ansätze zu beheben. Indem er die Vorteile beider Ansätze verbindet. Für diesen Ansatz wird eine globale Ontologie erstellt, die eine gemeinsame Terminologie zur Verfügung stellt. Mit ihr werden alle lokalen Ontologien der einzelnen Informationsquellen beschrieben, wodurch sie alle auf einem gemeinsamen Vokabular basieren. Infolgedessen wird das Hinzufügen neuer Quellen einfach, da die globale Ontologie nicht angepasst werden muss. Zudem können Anfragen einfach formuliert werden, da die globale Ontologie dafür ein gemeinsames Vokabular formuliert, welches dann mit Hilfe der lokalen Ontologien auf die spezifischen Quellen abgebildet wird. Damit unterstützen die lokalen Ontologien die geforderte Flexibilität und Skalierbarkeit in Analogie zu den Ansätzen mit mehrfachen Ontologien. Während das globale Vokabular als Lingua Franca jedoch die Vergleichbarkeit der lokalen Ontologien gewährleistet. Dieser Ansatz erfordert allerdings beim Hinzufügen von Informationsquellen, dass die jeweilige lokale Ontologie entweder für das globale Vokabular übersetzt oder neu formuliert werden muss.[Wach03; Wach03a]

4.6 Ansätze zur Integration von Ontologien

Die funktionale Anforderung der Schnittstelle macht es erforderlich, die Ontologien der jeweiligen Informationsquelle ineinander zu einer globalen Ontologie zu überführen und damit zu einem integrierten Modell zusammenzufassen.

Das Zusammenführen und Vergleichen von Ontologien gehört zu den Kernaufgaben der Ontologieentwicklung. Das Ziel ist es eine Abbildung zweier oder mehrerer Quell- und einer Zielontologien zu finden [JeZi07, S.44]. Als Vergleich sind in der Praxis mittlerweile sehr viele Ontologien entwickelt worden, die von unterschiedlichen Gruppen von Menschen und Unternehmen zu gleichen oder verschiedenen Themengebieten erstellt wurden. Da meist nur wenige übergreifende Ontologien existieren und viele Systeme über eine eigene lokale Ontologie verfügen, wird ein Verbinden von Ontologien zu einem schwierigen Prozess.[Droe10, S.143] [Jaec09, S.15] Inzwischen gibt es verschiedene Ansätze, die sich diesem Problem angenommen haben.

Der Ursprung zur Integration von Ontologien findet sich im Forschungsgebiet "Schemaintegration" der 1980er Jahre. Nach [Wein03] können zwei mögliche Ansätze zur Integration von Ontologien unterschieden werden. Dies sind zum einen das Verschmelzen und zum anderen die Anpassung von Ontologien aneinander.

- Bei der Verschmelzung von Ontologien, die meist ähnliche oder sich überschneidende Domänen beschreiben, entsteht eine einzige kohärente Ontologie. Zielsetzung der Verschmelzung ist es, Entitäten unterschiedlicher Ontologien in eine neue, gemeinsame Ontologie zu überführen [EuSh07, S.2]. Als Resultat enthält die neue Ontologie sämtliche Strukturen und Konzepte der Ursprungsontologien. Beispiele hierfür sind große Ontologien wie UMLS, HOVY und Cyc.
- Die Anpassung von Ontologien schafft Verbindungen zwischen Ontologien. Dabei bleiben die ursprünglichen Ontologien erhalten. Diese Art der Integration wird meist dann benutzt, wenn die Ontologien Bereiche beschreiben, die zueinander komplementär sind. Als Beispiele für diesen Ansatz kann das High Performance Knowledge Base (HPKB) Programm[67] angegeben werden.[Wein03, S.1]

Damit ein ineinander Überführen oder Verbinden der Ontologien gelingt, gilt als Zielsetzung die Identifizierung von semantischen Entsprechungen von Elementen der beteiligten Ontologien. Die Integration von Ontologien kann in drei Schritten unterschieden werden:

1. Ontologie Mapping: In diesem Schritt müssen Konzepte und Relationen in den Ontologien und Ableitungen von Regeln zu deren Darstellungen identifiziert werden.
2. Ontologie Alignment: Zu diesem Schritt gehört die Manipulation, der zu integrierenden Modelle im Sinne des Mapping und die Beseitigung von widersprüchlichen und inkonsistenten Angaben.
3. Ontologie Merging: In diesem letzten Schritt werden die Eingangsmodelle in einem gemeinsamen Modell, dass alle Informationen der Ursprungsmodelle enthält, subsumiert.[Stric08,S:78]

Die in diesem Zusammenhang auftretenden Begriffe Mapping, Matching, Merging und zusätzlich Alignment finden in der Literatur oft Verwendung und werden von verschiedenen Autoren unterschiedlich begrifflich abgegrenzt. An dieser Stelle soll eine mögliche Beschreibung der Begriffe erfolgen:

---

[67] http://reliant.teknowledge.com/HPKB/ letzter Zugriff 22.03.2011

- *Ontologie-Matching:* Das Matching von Ontologien kann in der Regel als ein Prozess angesehen werden, die zwei Ontologien als Eingabe und eine Zuordnung von korrespondierenden Elementen (Mapping) als Ausgabe hat. Hierbei werden semantische Beziehungen und Korrespondenzen zwischen Konzepten von Ontologien identifiziert.
- *Ontologie-Alignment:* Ein Alignment gilt als die Menge von Zuordnungen eines Ontologie-Matching-Prozesses. Somit besteht sie aus einer Menge von Korrespondenzen zwischen den gematchten Ontologien.
- *Ontologie-Merging:* Das Merging bezeichnet das Zusammenführen zweier Ontologien, wobei die ermittelten Mappings als Zusammenführungspunkte verwendet werden.
- *Ontologie-Mapping:* Das Mapping von Ontologien bezeichnet die gerichtete Variante eines Ontologie-Alignments und stellt somit das Ergebnis des Matchingprozesses dar. Dabei werden die Elemente der Quellontologie auf die Elemente der Zielontologie abgebildet und kommen zumindest einmalig vor.[Jerr07,S. 5; EuSh07]

Beim Mapping von Ontologien können folgende drei Kategorien unterschieden werden:

- von globalen Ontologien zu lokalen Ontologien,
- ein Mapping zwischen verschiedenen lokalen Ontologien und
- Mappings bei der Zusammenführung unterschiedlicher Ontologien.[Jaec09, S.16]

4.7 Integrationsprozess

In diesem Abschnitt soll ein allgemeiner aus sechs Schritten bestehender und durchaus mit Erweiterungen optimierungsfähiger Prozess zur Informationsintegration vorgestellt werden, der seinen Ursprung in [EhSu04a] hat. Als Eingabe dienen zwei beliebige Ontologien. Dabei fokussiert sich der Prozess auf die Abbildung der Ontologien aufeinander. Sobald eine Abbildung der Konzepte aufeinander erfolgt, können diese zusammengeführt und die Informationen integriert werden. Eine Abbildung der Ontologien bedeutet, dass für jede Entität (Begriff, Relation oder Instanz) der ersten Ontologie eine Entsprechung mit derselben Bedeutung in der zweiten Ontologie gesucht wird [BlPe08, S.475].

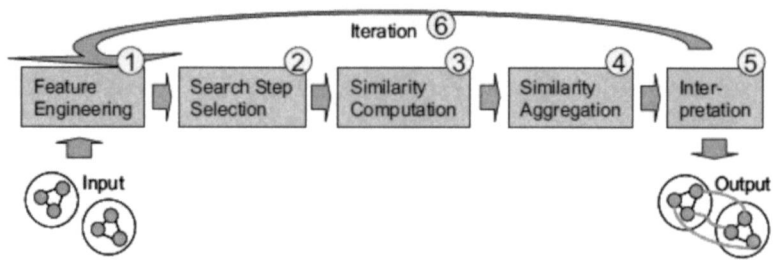

Abbildung 4.7: Integrationsprozess von Ontologien[68]

1. **Merkmalskonstruktion**: In diesem Schritt werden die Merkmale einer Entität innerhalb der Ontologie ausgewählt, durch die diese treffend beschrieben wird.
2. **Suchraumbestimmung**: Zur Ableitung von Abbildungen in Ontologien wird ein Suchraum von Kandidaten aufgestellt. Dieser Suchraum wird eingeschränkt, indem nur sinnvolle Kandidaten für einen Vergleich zugelassen und andere aussortiert werden.
3. **Ähnlichkeitsberechnung**: Für die Ähnlichkeitsberechnung der Kandidaten werden bspw. heuristische Maße benutzt. Dazu müssen Ähnlichkeitsfunktionen für Strings, Einzelobjekte oder Objektmengen definiert werden.
4. **Ähnlichkeitsaufsummierung**: Im Normalfall werden mehrere Ähnlichkeitswerte für ein Entitätenpaar, beispielsweise basierend auf den lexikalischen Einträgen oder der Ähnlichkeit der Relationen zu anderen Entitäten ermittelt. Diese individuellen Ähnlichkeiten müssen im nächsten Schritt aggregiert werden.
5. **Interpretation**: Auf Basis der aufsummierten Ähnlichkeitswerte werden die Konzepte nun aufeinander abgebildet. Dazu können Vorgehensweisen wie ein Schwellwert, ein sogenanntes Relaxation Labelling oder eine Mischung aus Strukturen und Ähnlichkeitswerten verwendet werden. Die Ähnlichkeitswerte werden dem Anwender präsentiert, der diese Interpretiert.
6. **Iteration**: Es werden Wiederholungen einiger Algorithmen gestartet, um die Struktur der Ontologien besser zu nutzen. Dabei beeinflussen Ähnlichkeiten von benachbarten Entitäten die Ähnlichkeit der eigentlichen Paare. Sobald keine weiteren Abbildungen gefunden werden, oder wenn alternativ ein Maximalwert an Runden erreicht wird, werden Wiederholungsprozesse abgebrochen.[BlPe08, S.4f, Jerr10, S.53f]

Der Prozess hat gezeigt, wie eine Integration mit Ontologien durchgeführt werden kann. Bisher wurden verschiedene Vergleichsalgorithmen und einige automatische und semi-automatische

---

[68] Quelle: [EhSu04a]

Verfahren entwickelt, die zu entwickelnde oder bereits bestehende Ontologien zu einer Ontologie zusammenstellen können. Zudem ist es ihnen möglich Unterschiede zwischen verschiedenen Ontologie-Versionen zu erkennen und mehrere Gruppen mit spezialisiertem Fachwissen, die jedoch Teilstrukturen unterschiedlich verfeinern, an der gleichen Ontologie kollaborativ Arbeiten zu lassen. Für das Vergleichen von Ontologien wurden bisher schon einige Verfahren entwickelt, wie FOAM, QOM, PROMPT, GLUE und FCA-Merge. Eine gute Übersicht über Arbeiten zu Ontologie Mapping bietet die Zusammenarbeit von Noy und Kalfoglou.[EuSh07]

Beim Vergleich und Zusammenführen von Ontologien aus unterschiedlichen Quellen führen verschiedene Terminologien und semantische Unterschiede in der Repräsentation der Daten häufig zu Konflikten [JeZi07]. Diese Konflikte werden in Kapitel 5.2.3.1 unter dem Aspekt des Ontology Matching Problems näher betrachtet.

5 Grundlegende Überlegungen

Für die Durchführung der Integration von Informationen ist eine einheitliche und durchgängige Methodik nötig. Zur Vorgehensweise gehört als erstes die Analyse einer Quelle um aus dieser eine Ontologie erstellen zu können. Daher beginnt die Integration der Informationen durch das zur Verfügung stellen eines semantischen Datenmodells, der zu integrierenden Informationsquellen. Dazu müssen die Daten in ein lokales Schemata, das durch ein Metadatenstandard realisiert wird, überführt werden. Diese sollen den jeweils in der Informationsquelle bestehenden Datenbestand beschreiben. Um die Heterogenität dieser Datenmodelle zu überwinden, werden die lokalen Schemata unter Berücksichtigung eines gemeinsamen Terminus in ein für die Architektur entsprechendes Schema transformiert. Hierbei handelt es sich um eine Transformation in eine vorausgesetzte OWL-Ontologie. Als nächster Schritt werden die Informationsquellen durch Verbinden oder Verschmelzen der jeweiligen Ontologien zusammengeführt. Im Anschluss jeden Schrittes ist es dem Anwender möglich Konzepte der Ontologien, sei es die lokale oder globale, dargestellt zu bekommen. Diesen Vorüberlegungen entsprechend sollte die Architektur des Prototyps aus den drei Komponenten *Daten*, *Merge/Mapping* und *Visualisierung* bestehen.

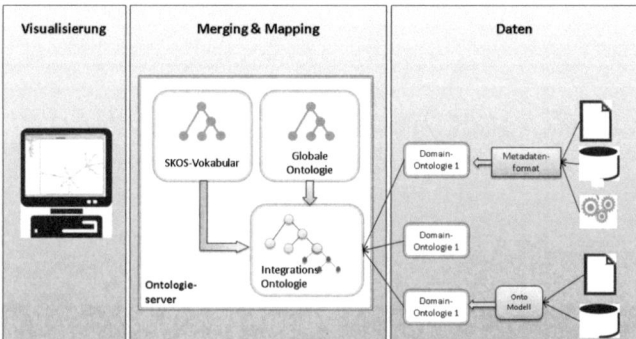

Abbildung 5.1: Komponenten der Architektur

Zu der Komponente *Daten* gehören im Wesentlichen die Informations- und Datenzugriffskomponente. In der ein Zugriff auf die Daten und Informationen gewährleistet wird. Des Weiteren stellt sie die Transformationsmöglichkeit und eine Speicherkomponente bereit, in der Anwender ihre Hochgeladenen Informationen und Daten ablegen können. Die *Merging und Mapping* Komponente stellt die Integrationskomponente dar, in der die jeweiligen Informationsquellen fusioniert werden. Ferner beinhaltet diese Komponente ebenfalls eine Speicherkomponente, in der die gemeinsame Ontologie und das gemeinsame Vokabular gespeichert werden. Als letzte

Komponente gilt die Visualisierung. Diese ist für die Visulisierung der Informationen und Ontologien zuständig.

5.1 Informationsquellen

Allgemein kommen viele Quellen in Frage aus denen sich theoretisch Ontologien erzeugen lassen. Daher sind es, in Bezug auf die Arbeit, die Quellen, die für eine einfache Bildung von Ontologien in Frage kommen. Dies sind Quellen, die strukturierte oder semi-strukturierte Informationen oder Daten z.T. in Form von Taxonomien oder auch Thesauren beinhalten. Der Grund hierfür liegt darin, dass unstrukturierte Informationsquellen im Gegensatz zu (semi-)strukturierten Informationsquellen keine maschinenlesbare Beschreibung der eigenen Datenstrukturen bieten. Dementsprechend lassen sich aus diesen Quellen mit Hilfe von verschiedenen Methoden die Informationen direkt ableiten und eine Ontologie bilden. Des Weiteren liegt es nicht im Interesse der Lösung die Quellen in eine komplexe, feingranulare Ontologie zu transformieren. Denn dafür müsste das Gesamte dahinter stehende Modell der jeweiligen Quellen untersucht und berücksichtigt werden. Zudem müssten die Informationen aus diesen Quellen extrahiert werden, da sie nicht explizit vorhanden sind. Diese zu finden und vor allem Automatisch auf Ontologien korrekt abzubilden, ist ein schwieriger, zeitintensiver und aufwändiger Prozess.

Damit wird davon ausgegangen, dass die Informationsquelle mindestens eine Hierarchie oder Klassifizierung ähnlich einer Taxonomie oder einem Thesaurus aufweist. Dies führt zu einer strukturell nicht besonders komplexen Ontologie. Zudem ergibt dies ein fortwährendes Konzept, dass den Einsatz von Ontologien ermöglicht, die durch den Anwender selbst verantwortet werden können.

In den ersten Phasen der Entwicklung wird davon ausgegangen, dass zunächst nur eine begrenzte Auswahl von Informationsquellen zur Verfügung steht. Dies sind zunächst Datenbanken oder eine bereits bestehende OWL-Ontologie.

5.2 Arbeitsschritte bei der Informationsintegration

Der zuvor geschilderte Gesamtprozess der Informationsintegration mittels der Schnittstelle gliedert sich in mehrere Schritte. Innerhalb dieser Schritte müssen verschiedene Teilaufgaben durchgeführt werden. Daher werden im weiteren Verlauf dieses Abschnitts diese Schritte und Aufgaben beschrieben und auf ihre Besonderheiten aufmerksam gemacht.

5.2.1 Zugriff auf Informationsquelle

Da es zu der ersten Aufgabe jeglicher Informationsintegration gehört, den Zugriff auf die Informationsquelle zu ermöglichen, erfordert dies nach der Ermittlung einer Möglichkeit auf Informationsquellen zugreifen zu können. Dies ermöglicht die Schnittstelle, indem sie die Informationsquelle in Form eines semantischen Datenmodells direkt Hochladen lässt. Dafür wird zuvor von dem Anwender verlangt, dass er sich nach dem Starten des Browsers der Schnittstelle gegenüber registriert oder einloggt. Dadurch sollen Kontextinformationen des Anwenders sowohl für das Zusammensetzen der Informationen, als auch für spätere Sitzungen gespeichert werden können. Unter Kontextinformationen werden die Informationen verstanden, die der Anwender während seiner Sitzung durch Eingabe der vordefinierten Formate oder das Hochladen der Ontologien zur Verfügung stellt.

Abbildung 5.2: Registrieren

Nachdem dieser sich registriert oder eingeloggt hat, müssen Informationsquellen von der Schnittstelle eingelesen werden. Als erste Einschränkung werden zunächst von der Schnittstelle Metadatenstandards in XML-Format, RDF und OWL-Ontologien akzeptiert.

Der Grund hierfür liegt darin das zum einen alle strukturierten und semistrukturierten Informations- und Datenquellen mit Metadaten beschrieben werden. Infolgedessen wird eine standardisierte Syntax benötigt um Metadaten überhaupt als solche erkennen und verarbeiten zu können. Doch da die Metadatenstandards vielfältig sind, muss eine Auswahl vorweg getroffen werden.

- XML (eXtensible Markup Language) stellt als die universale Metasprache, ein Datenmodell für semistrukturierte und strukturierte Daten bereit. Sie bietet Frameworks und stellt eine Reihe bereits erstellter Werkzeuge zur Verfügung. Dadurch, dass sie eine Basis für die Normierung von Dokumentenformaten bzw. Datenaustauschformaten schafft, indem sie eine Reihe von einfachen Mechanismen für die Auszeichnung von Daten mit Metadaten bereitstellt, gewährleistet sie den Austausch von Daten und Metadaten.
- Das RDF-Datenmodell bietet die Möglichkeit Informationsquellen mit Metadaten anzureichern, da RDF im Wesentlichen ein Datenmodell zum Beschreiben von Ressourcen und Metadaten aller Art anbietet. Zudem ist es ein Datenmodell für Objekte und Beziehungen zwischen konkreten Objekten. Daher bildet RDF die Grundlage für die Erzeugung, Verarbeitung und Austausch von Metadaten. Damit unterstützt es die Suche und

automatische Verarbeitung von Inhalten. Weitere Vorteile sind die maschinelle Auswertbarkeit, das sein eines grundlegenden Austauschformat im Semantic Web und das aufbauen auf XML. Darüber hinaus stellt RDF mit RDFS eine zwar Ausdrucksschwache aber dennoch einfache Ontologiesprache bereit.

Da XML und RDF neben dem OWL zum Standard des Semantic Web gehören, stellen sie ein solides Grundgerüst bereit. Zudem bilden sie die Basistechnologie für die Beschreibung und die Austauschsyntax von OWL-Ontologie. Des Weiteren liegen meist schon erzeugte Ontologien in OWL vor. Darüber hinaus, existieren zu diesen Standards schon verschiedene Werkzeuge und Tools. Daher werden diese Formate vorerst als einzige für die Schnittstelle akzeptiert.

Ausgehend von diesen Vorbedingungen, können nach dem Einloggen des Anwenders auf zweifache Weise Informationsquellen über die Schnittstelle aufgenommen werden, deren Prozedureigenschaften im nächsten Abschnitt erklärt wird.

5.2.2 Hochladen eines Metadatenformats

Im Falle des Hochladens eines Metadatenstandard, muss eine Transformation in eine OWL Ontologie durchgeführt werden. Prinzipiell gibt es mehrere Vorgehensweisen für die Transformation von Informationsquellen nach Ontologien [Kost06, S.57]. Sie enthalten Prinzipien und Anforderungen, nach denen sich der Prozess zum Erstellen und umsetzen der Ontologien richten muss.

In der Regel ist es für den ersten Schritt erforderlich, neben der Analyse der Quellformate auch eine Machbarkeitsanalyse durchzuführen, die überprüft ob alle Informationen in eine Ontologie transformiert werden können. Als nächstes muss ein OWL-Ontologiemodell auf Basis des Metadatenschemas der Quelle extrahiert werden. Es folgt eine semantische Anreicherung und das modellieren der OWL-Ontologie durch das gemeinsam festgelegte Vokabular damit diese den gleichen Terminus besitzt. Nach erfolgreicher Transformation wird die entsprechende Ontologie dem Anwender präsentiert und innerhalb seines Accounts gespeichert.[69]

---

[69] Vollständigkeitshalber sollte erwähnt werden, dass die Überführung einer Informationsquelle zu einer Ontologie ein mit verschiedenen Schwierigkeiten behafteter mehrstufiger Prozess ist. Der wird jedoch an dieser Stelle nicht weiter erachtet werden.

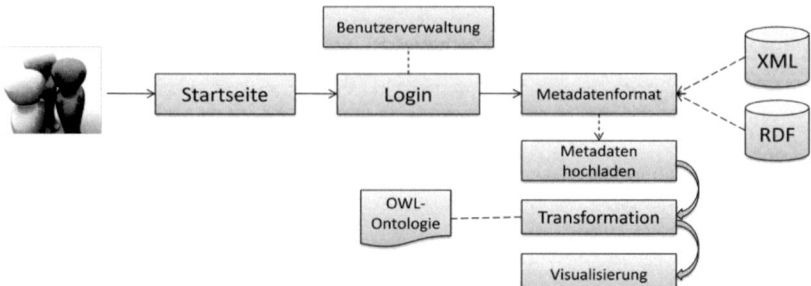

Abbildung 5.3: Informationsmodell als Metadaten hochladen

5.2.3 Hochladen einer Ontologie

Die Schnittstelle sieht ebenfalls für die Integration vor, bereits erstellte Ontologien hochladen zu lassen. Ihre Erstellung kann durchaus manuell oder automatisiert geschehen. Hier ist jedoch darauf zu achten, dass aufgrund ihrer unterschiedlichen Konzeptualisierung auch unterschiedliche Ontologien vorliegen können. Somit können sich die hochgeladenen Ontologien zwar auf die gleiche Domäne beziehen, aber trotzdem durch ihren Aufbau und ihre Modellierung, wie bspw. ihre Konzeptnamensgebung oder deren Zusammenhänge, unterschiedlich gegenüber den anderen sein. Dementsprechend ist die Kompatibilität der verschiedenen Ontologien stark eingeschränkt zueinander. Aus u.a. diesem Grund kann der Zusammenschluss dieser hochgeladenen Ontologien und eine Vereinheitlichung zu einer größeren Ontologie nicht erfolgen. Um diesen Konflikt zu umgehen gibt es einige Möglichkeiten. Es kann verlangt werden, dass während der Erstellung der Ontologie von vornherein ein gemeinsam festgelegtes Vokabular benutzt wird. Zum anderen kann verlangt werden, dass eine bereits erstelle OWL-Ontologie mit dem gemeinsamen Vokabular gematcht wird. Jedoch beinhaltet dies wiederum zu entwickelnde Verfahren um dies zu ermöglichen.

Daher gilt als nächste Einschränkung die Einhaltung der ersten Variante. Es wird daher davon ausgegangen, dass jede hochgeladene lokale OWL-Ontologie bereist mit dem gleichen Vokabular erstellt worden ist. Nach erfolgreichem Einlesen der Ontologie wird sie dem Benutzer visualisiert dargestellt.

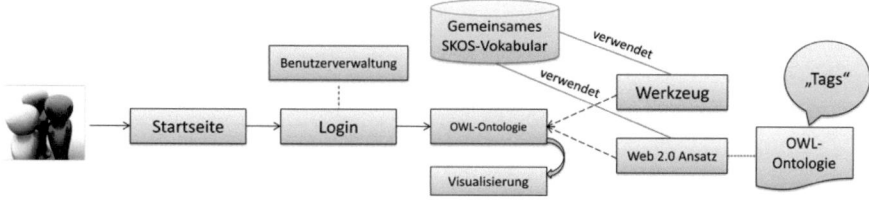

Abbildung 5.4: Ontologie hochladen

5.2.4 Zusammenführen zu einer globalen Ontologie

Nachdem Transformieren zu einer Ontologie oder dem Hochladen einer Ontologie können diese zu einer größeren Ontologie fusioniert werden. Dies sieht die Schnittstelle mit Hilfe der „Merge und Mapping"-Komponente vor. Der Zusammenschluss beinhaltet die beiden Möglichkeiten zwei lokale Ontologien oder eine lokale Ontologie mit der oder zu einer globalen Ontologie fusionieren zu lassen. Beide Aktionen lässt der Anwender über die Visualisierung ausführen. Ein standardisierter Lösungsweg in diesem Bereich steht derzeit nicht zur Verfügung. Daher muss ein eigener Lösungsweg entwickelt werden.

An dieser Stelle muss beachtet werden, dass beim Zusammenschluss von zwei lokalen Ontologien zu einer größeren Ontologie und der Zusammenschluss dieser größeren Ontologie mit der globalen Ontologie zu Problemen führen kann. Eines dieser Probleme würde bspw. das Redundante vorliegen der Informationen bedeuten. Im Falle, dass eine lokale Ontologie (LO1) bereits zu einer größeren Ontologie zusammengeschlossen wird, und diese wiederum mit der globalen Ontologie fusioniert wird, hindert dies den Anwender der Schnittstelle nicht daran, die lokale Ontologie (LO1) erneut mit der globalen Ontologie zu fusionieren. Somit müssen Protokolle oder Verfahren eingeführt werden, die dies unterbinden und ebenso ein erneutes zusammenschließen von bereits integrierten Ontologien mit der globalen Ontologie unterbindet.

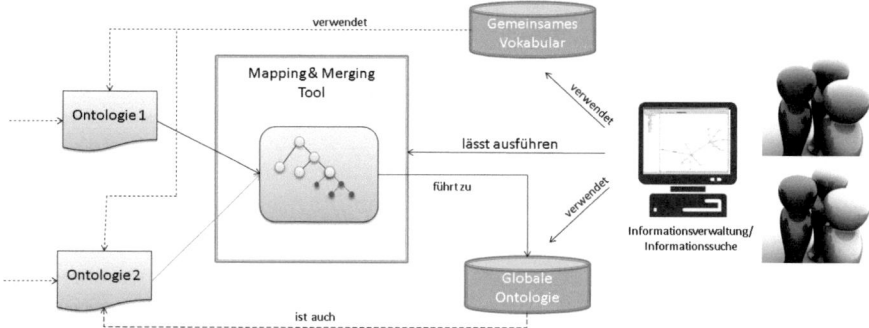

Abbildung 5.5: Merge und Mapping der Ontologien

Die Integration von Ontologien besteht im wesentlichen aus folgenden Schritten:

1. Finden von Entitäten innerhalb der Ontologien, die sich überlappen.
2. Verbinden von Konzepten, die semantisch über Gleichwertigkeit und Klassifizierungsbeziehungen (das Übereinstimmen) nahe sind.
3. Überprüfen der Konsistenz, Kohärenz und Redundanzfreiheit des Ergebnisses. [McGuinness et al. 00]

Ausgehend aus diesen Schritten müssen bei der Integration mehrerer und unterschiedlicher Ontologien diese aufeinander abgestimmt werden. Dabei können verschiedene Konflikte auftreten, die wiederum mit verschiedenen Schwierigkeiten behaftet sind. Für das Verbinden und Verschmelzen von Ontologien ist es wichtig, Arten von Heterogenität, die zwischen Ontologien vorkommen können zu unterscheiden, um diese mittels einem angepassten Algorithmus entdecken und auflösen zu können.

In der Literatur werden diese Konflikte als das „Ontologie Matching Problem" zusammengefasst. Ziel des Ontology Matching ist es, Abbildungen zwischen verschiedenen Ontologien derselben Domäne zu entdecken [Paul08, S.37]. Eine Differenzierung dieser Konflikte in Kategorien findet sich u.a. in [Klei01]. Dieser unterteilt diese Konflikte in die beiden Kategorien: Sprach- (language level mismatch) und Modellheterogenität (ontology level mismatch). Zusammen ergeben diese Konflikte die semantische Heterogenität. Im folgenden Abschnitt werden diese Konflikte näher erklärt.

5.2.4.1   Das Ontologie Matching Problem

Das Ontology Matching Problem resultiert aus der Vielfalt der bereits bestehenden Ontologien. Derzeit sind verschiedene Ontologien unabhängig voneinander entwickelt worden, die zur Anreicherung der bereitgestellten Informationen genutzt werden und ähnliche Inhalte beschreiben. Daher überscheiden sich meist ihre Inhalte, doch sind sie selten identisch [Droe10, S.144]. Infolgedessen sind die meisten nicht kompatibel zueinander und können nicht mit beliebigen Ontologien gemeinsam eingesetzt und fusioniert werden. Mit dem Ziel Ontologien miteinander zu fusionieren, gehört das „Ontology Matching" zu den aktuellen Forschungen im Bereich der Ontologieentwicklung [vgl. Card07].

Ausgehend aus den in Kapitel 4.3.2.1. vorgestellten Heterogenitätsproblemen, machen auch diese es schwierig, die unterschiedlichen Abbildungen von Informationen zu strukturieren und zu interpretieren.[Droe10] unterscheidet in Tabelle 5.1. folgende strukturelle und semantische Probleme, die sich für Ontologien ergeben können.

HETEROGENITÄTSPROBLEME					
Strukturelle Probleme			Semantische Probleme		
Bilaterale Konflikte: Vollständigkeit / Ganzheit, verschiedene Datentypen und Namen	Multilaterale Konflikte: Unterschiedlich genaue Beschreibungen, verschiedene Repräsentanten, fehlende Werte	Meta-level Konflikte: Vermischen von Klassen, Instanzen und Datentypen, im- und explizite Beschreibungen	Datenkonflikte: Unterschiedliche Einheiten oder Wertebereiche, Beschreibung trifft auf Wert	Domainkonflikte: Subsumption, Überlappungen, Inkonsistenz

Tabelle 5.1: Arten von Heterogenitätsproblemen im Überblick[70]

Eine detaillierte Betrachtung dieser Heterogenitätsprobleme, ausgehend von mindestens zwei heterogenen Ontologien, die dieselbe Domäne mit unterschiedlichen Mitteln beschreiben, geschieht in [Klei01]. Dieser fasst verschiedene mögliche Heterogenitäten zwischen Ontologien und ihre Unterteilungen in einer Grafik, die in Abbildung 5.6 dargestellt wird, zusammen.

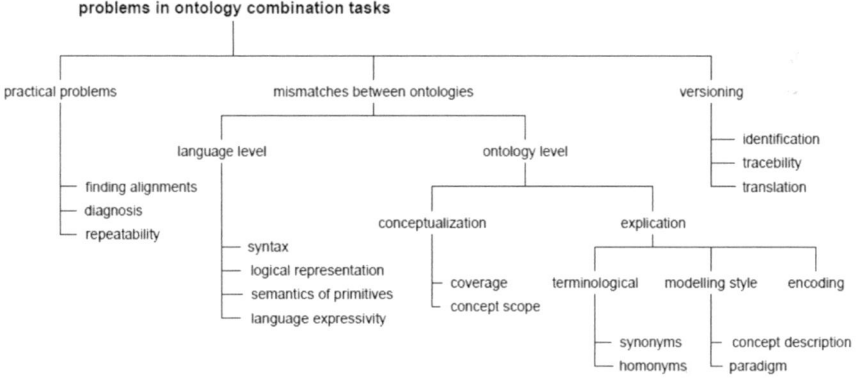

Abbildung 5.6: Klassifikation von Ontology Heterogenitäten[71]

Demnach identifiziert [Klei01] die beiden Ebenen Sprache und Ontology (Modell) für Heterogenitäten, auf denen die semantische Heterogenität erscheinen kann.

5.2.4.2 Heterogenitäten auf Sprachebene

Auf der ersten Ebene (die Sprachebene) die [Klei01] unterscheidet, sind die folgenden Typen von Heterogenitäten:

- Syntaktische Heterogenität: Dadurch, dass verschiedene Ontologie-Sprachen häufig verschiedene Syntax verwenden, tritt eine syntaktische Heterogenität auf. Genauer tritt sie auf, wenn zur Beschreibung derselben Konzepte in verschiedenen Sprachen unter-

---

[70] Quelle:Droe10,S.144
[71] Quelle: [Klein01, S.6]

schiedliche syntaktische Konstrukte verwendet werden [Paul08, S.37]. Dies ist der einfachste Fall von Heterogenität, das am einfachsten algorithmisch aufzulösen ist. Jedoch tritt diese nicht allein auf und kann in Kombination mit anderen Heterogenitäten auftreten.[Klei01, S.2f]

- Logische Repräsentation: Sie betrifft den Unterschied in der Darstellung von logischen Begriffen. Stehen zwei Sprachen zur Modellierung unterschiedlicher Sprachkonstrukte zur Verfügung, so muss der gleiche Sachverhalt unter Umständen auf verschiedene Weisen beschrieben werden. Der Punkt ist hier nicht, ob etwas ausgedrückt werden kann, denn die Behauptungen sind logisch äquivalent, die Frage bezieht sich darauf, welche Sprachkonstrukte verwendet werden sollten, um etwas auszudrücken. Als Beispiel lässt z.B. in OWL *DL* mittels *DisjointClasses (AB)* die Disjunktheit von Konzepten direkt spezifizieren, während OWL *lite* nur indirekt dies ermöglicht. [Klei01, S.2f]

- Bedeutung von Primitiven: Ursache für diese Heterogenität ist die uneinheitliche Belegung von primitiven Ausdrücken. Damit kann ungeachtet der Tatsache dass manchmal derselbe Name für eine Sprachkonstruktion in zwei Sprachen verwendet wird, sich die Semantik unterscheiden, indem es bspw. mehrere Interpretationen eines *A equalTo B* gibt. Zu beachten ist, dass selbst wenn zwei Ontologie scheinbar dieselbe Syntax verwenden, sich die Semantik unterscheiden kann.[Klei01, S.2f]

- Ausdrucksmächtigkeit: Die größte Auswirkung auf der Sprachebene liegt in den Unterschieden der Ausdrucksmächtigkeit zwischen zwei Sprachen. Dieser Unterschied deutet an, dass einige Sprachen im Stande sind Dinge auszudrücken, die nicht ausdrückbar in anderen Sprachen sind. Bespielsweise haben einige Sprachen Konstruktionen, die Andere nicht haben, um Ablehnung auszudrücken.[Klei01, S.2f]

Zusammengefasst kann Heterogenität auf der Sprachebene entstehen, wenn zwei Ontologien in verschiedenen Repräsentationssprachen vorliegen [Paul08, S.37]. Wurden unterschiedliche Sprachen zur Definition der Ontologien verwendet (syntax mismatch), muss für eine Ontologiedefinition eine syntaktische Transformation durchgeführt werden. Falls sich die Sprachen in Bezug auf ihre Ausdruckslogik unterscheiden (logical mismatch), muss eine Transformation der Ausdrücke erfolgen. Sollten sich die Sprachen hinsichtlich ihrer Ausdrucksstärke (expressivity) unterscheiden, wird die Integration der Ontologien sehr viel komplexer.[Schm09, S.18]

5.2.4.3 Heterogenitäten auf Ontologieebene

Heterogenität auf der Ontologieebene resultiert, wenn zwei oder mehrere Ontologien teilweise sich überlappende Domänen beschreiben und verbunden werden sollen. Diese können sich ereignen, selbst wenn Ontologien in derselben Sprache oder auch in einer anderen Sprache modelliert werden. Sie resultieren aus Unterschieden in der Konzeptualisierung der beteiligten Ontologien [Mamm06, S.S39]. Im Einzelnen lassen sich nach [Klei01] folgende Unterscheidungen der Heterogenität identifizieren:

- Abgrenzung von Konzepten: In diesem Fall scheint es so als würden zwei Ontologien dasselbe Konzept beinhalten, die zwar die gleiche Bedeutung haben und sich schneiden, jedoch ergeben sich bei detaillierter Betrachtung signifikante Unterschiede. So könnten zwar zwei Ontologien jeweils ein Konzept mit der Benennung „Arbeiter" beinhalten, jedoch würden diese sich von Fall zu Fall unterscheiden, indem sie sich Beispielsweise in Frage des Rangs des Arbeiters differenzieren.[Klei01, S.3]
- Reichweite und Granularität: Dies ist eine Heterogenität, die sich auf die Abweichungen hinsichtlich der Teilgebiete einer Domäne, welche durch die jeweiligen Ontologien modelliert werden und den Abstraktionsgrad bezieht.

An dieser Stelle sollte beachtet werden, dass Unterschiede der Konzeptualisierung, wie sie oben beschrieben worden sind, nicht automatisch gelöst werden können und nach Kenntnissen und Erfahrungen von Experten verlangen. Des Weiteren stellen sie keine gravierenden Probleme dar. Jedoch liegt die Motivation, verschiedene Ontologien eines Wissensgebietes zu integrieren, gerade in diesen Unterschieden.[Klei01, S.3, Mamm06, S.39]

- Paradigmen: Verschiedene Paradigmen können verwendet werden, um grundsätzliche Konzepte wie Zeit, Handlung, Pläne, Kausalität, Satzeinstellungen, usw. zu beschreiben. Beispielsweise könnte ein zeitliches Modell eine in Intervallform basierte Darstellung verwenden, während ein anderes eine auf den Zeitpunktbasierte Darstellung verwenden könnte.[Klei01, S.3]
- Konzeptbeschreibungen: Konzepte für die gleiche Domäne können in einer Ontologie unterschiedlich modelliert werden. Der Grund hierfür liegt meist daran, dass sie von unterschiedlichen Personen(-gruppen) entwickelt werden, die unterschiedliche Blickwinkel auf den Sachverhalt haben. Dadurch werden gleiche Konzepte unterschiedlich modelliert. Beispielsweise können in einer Ontologie Unterschiede innerhalb eines Konzepts durch spezialisierende Unterklassen dargestellt werden, während diese in einer anderen durch Attribute erfasst werden.[Klei01, S.3, Paul08, S.38; Mamm06, S.40]
- Synonyme Begriffe: Diese Heterogenität liegt vor, wenn Konzepte mit unterschiedlichen Begriffen beschrieben werden. Werden für ein Konzept in verschiedenen Ontologien verschiedene Begriffe verwendet, so liegt eine terminologische Heterogenität vor. Die technische Lösung dieses Problems liegt in der Nutzung eines Thesauri. Hierbei muss darauf geachtet werden, dass keine Unterschiede im Detail übersehen werden.[Klei01, S.3]

- Homonyme Begriffe: Die Verwendung von Homonymen ist ebenfalls eine Art terminologischer Heterogenität [Paul08, S.38]. Hier wird ein Begriff mehrmals für die Benennung unterschiedlicher Konzepte verwendet. Es entsteht eine Mehrdeutigkeit.[Mamm06, S.40]
- Kodierung: Daten können innerhalb von Ontologien in unterschiedlichen Arten kodiert werden. Ein Beispiel hierfür wären Datumangaben als „TT/MM/JJJJ" oder „MM-TT-JJJJ". Diese Art der Konflikte lässt sich meist mit einem Transformationsschritt oder durch einen Wrapper eliminieren.[Klei01, S.3]

Während die Heterogenität auf der sprachlichen Ebene durch Ontologienormalisierungen behoben werden, indem bspw. Ontologien von einer Repräsentationssprache in eine andere konvertiert bzw. transformiert werden. So befasst sich das Ontology Matching ausschließlich mit der Heterogenität auf der Ontologieebene.[Paul08, S.38f]

5.2.5 Nächster Schritt: Matching, Mapping und Merge

Ontology Matching kann als der Prozess definiert werden, der Gemeinsamkeiten zwischen zwei Ontologien entdeckt[72].[EuSh07, S.44] definieren den Prozess des Matching als eine Funktion f, die als Ergebnis Gemeinsamkeiten bzw. eine Zuordnung von korrespondierenden Elementen von zwei Ontologien liefert. Abbildung 5.7. stellt diesen schematischen Ablauf eines solchen Matching-Prozesses dar. Demnach erhält die Funktion f als Eingabe die beiden Ontologien o, o'. A stellt ein Alignment (Menge der Zuordnungen) dar, welche zu Anfangs meist leer ist und während der Berechnung mit gefundenen Gemeinsamkeiten ergänzt wird. Die Variablen p und r stellen die Parameter der Funktion p und die verwendete externen Ressourcen r dar.[EuSh07, S. 44]

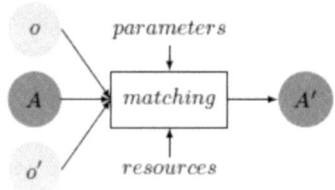

Abbildung 5.7: Schamtischer Matching Prozess[73]

---

[72] http://ausweb.scu.edu.au/aw08/papers/refereed/leung/paper.html, zuletzt aufgerufen 22.03.2011
[73] EuSh07, S. 44

Für das Matching können mehrere verschiedene Ansätze und Methoden genutzt werden. Sie beziehen sich häufig auf das gesamte Schema der Ontologie oder nur auf Klassen und Instanzen [Droe10, S.145]. Zudem gibt es hybride Ansätze, die Methoden verbinden. Um eine Unterscheidung treffen zu können, sind von einigen Forschern Klassifikationen entwickelt worden. Eine der bekanntesten Klassifikationen findet sich in den Ausführungen von Shvaiko und Euzenat [EuSh07, S.65].

5.2.5.1 Techniken des Ontology Matching

Dadurch, dass in Ontologien beliebige Relationen verwendet werden können, fällt ihr Matchen viel komplexer aus und funktioniert ganz anders als Beispielsweise das Zusammenführen mehrerer klassischer Datenbanken [Droe10, S.144]. Dieser Abschnitt beschreibt die Klassifizierung der Techniken, die für das Matching in Frage kommen und richtet sich überwiegend nach den Ergebnissen von Shvaiko und Euzenat [EuSh07].

[EuSh07] unterteilen ihre Klassifikation in zwei weitere synthetische Klassifikationen und unterscheiden dadurch Techniken, die sich auf das Verbinden einzelner Ontologieelemente, wie Klassen, Instanzen und Relationen und solche, die sich auf das Verbinden von ganzen Schemata beziehen [Droe10, S.145]. Diese zwei Klassifikationen werden als zwei Bäume (der eine als Top-Down und der andere als Buttom-Up) präsentiert, die ihre Blätter teilen. Die Blätter vertreten Klassen von elementaren zusammenpassenden Techniken und ihren konkreten Beispielen. Die zwei synthetischen Klassifikationen wiederum sind:

- *Granularity/Input Interpretation:* Sie beruht zum einen auf der Matcher-Granularität, und zum anderen darauf, wie die Techniken allgemein die Eingangsinformation interpretieren.
- *Kind of Input* beruht auf der Art des Eingangs, der durch elementare zusammenpassende Techniken verbunden wird.

Infolgedessen können elf verschiedene Typen von elementaren und zusammenpassenden Techniken identifiziert und in Abbildung 5.8. dargestellt werden.

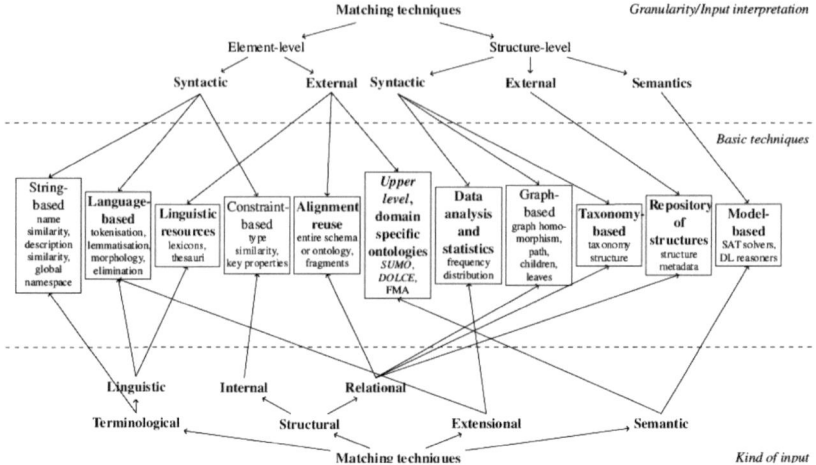

Abbildung 5.8: Klassifikation von Matching-Techniken[74]

Die sich durch die Klassifizierung ergebenden Techniken können wie folgt unterteilt werden.[Romero et al.09, S. 2ff] [75]

- Extensionale Techniken: Vergleichen die Ausdehnung oder Länge von Klassen der Ontologie bzw. ihre Instanziierung oder Beispiele. Das ist nützlich, wenn die Information über die zu vergleichenden Entitäten beschränkt wird, aber es zusätzliche Daten oder Information über ihre Beispiele gibt. Alternativ sind sie als ein Mittel nützlich, um andere Anordnungstechniken zu unterstützen, um falsche oder irreführende Ähnlichkeiten zu entdecken.
- Terminologische Techniken: Berechnen die Ähnlichkeiten zwischen Strings im Text und vergleichen sie miteinander. Sie können Elemente in der Ontologie wie bspw. Namen, Etiketten, und/oder Anmerkungen beschreiben.
- Strukturelle Techniken: Zusätzlich zum Vergleichen von Textstrings, die die Entitäten innerhalb von Ontologien beschreiben, ist es oft nützlich, die innere Struktur der Entitäten selbst oder ihre Beziehungen zu anderen Entitäten, die jede Entität beinhalten kann zu vergleichen (Außenstrukturvergleich).
- Semantische Techniken: Versuchen die Elemente in der Ontologie gemäß ihrer semantischen Interpretation auszurichten. Der allgemeine Ansatz beruht auf deduktiven Me-

---

[74] Quelle: [EuSh07, S.65]

[75] eigene sinngemäße Übersetzung

thoden, die von theoretischen Modellen beziehen, die wiederum eine Rechtfertigung für die Ergebnisse zur Verfügung stellen, die erhalten werden. Einige Beispiele schließen den Propositional SATisfiability (SAT) und Techniken, die auf die Beschreibungslogik (DL) basieren, ein.

Im Folgenden erfolgt eine kurze Beschreibung dieser Techniken:

- Stringbasierte Techniken werden häufig verwendet, um Namen und Namenbeschreibungen von Ontologie-Entitäten zu vergleichen. Diese Techniken betrachten Strings als Folgen von Buchstaben in einem Alphabet. Sie Analysieren Wörter in Form einer Sequenz von Zeichen. Sie beruhen normalerweise auf dem Grundgedanken: Je ähnlicher die Strings sind, desto wahrscheinlicher symbolisieren sie die gleichen Konzepte. Gewöhnlich stellen Entfernungsfunktionen ein Paar von Strings zu einer reellen Zahl dar, wo ein kleinerer Wert der reellen Zahl eine größere Ähnlichkeit zwischen den Strings anzeigt.
- Sprachbasierte Techniken betrachten Namen als Wörter in einer natürlichen Sprache, wie bspw. Englisch. Sie beruhen auf natürliche Sprachen verarbeitenden Techniken, die morphologische Eigenschaften der Eingangswörter ausnutzen. Gewöhnlich werden sie auf Namen von Entitäten angewandt, bevor stringbasierte und lexikonbasierte Techniken durchgeführt werden, um ihre Ergebnisse zu verbessern. Dabei werden Wörter auf Basis linguistischer Zusammenhänge bearbeitet.
- Linguistische Ressourcen (wie Lexika oder Domänen spezifische Thesauren) werden verwendet, um Wörter zu vergleichen, die auf linguistischen Beziehungen basieren. In Bezug auf Ontologien werden Namen von Ontologie-Entitäten als Wörter einer natürlichen Sprache betrachtet.
- Constrainsbasierte Techniken sind Algorithmen, die sich mit den inneren Einschränkungen befassen, die auf die Definitionen von Entitäten, (wie Typen, Kardinalitäten, Vielfältigkeit von Attributen) und Schlüsseln angewendet werden. Dementsprechend nutzen sie die interne Struktur von Elementen zum Vergleich.
- Alignment Reuse Techniken nutzen die Idee aus, Anordnungen der vorher verglichenen Ontologie wiederzuverwenden. Sie gehen davon aus, dass viele zu vergleichende Ontologie bereits der verglichenen Ontologie besonders ähnlich ist, wenn sie dasselbe Anwendungsgebiet beschreiben. Diese Techniken sind besonders dann viel versprechend, wenn sie sich mit großen Ontologien befasst, die aus Hunderten und Tausenden von Entitäten besteht.
- Datenanalyse und statische Techniken sind Techniken, die repräsentative Stichproben einer Population ausnutzen, um Regelmäßigkeiten und Diskrepanzen zu finden. Das hilft der Gruppierung von Begriffen oder dem Berechnen von Distanzen zwischen ih-

nen. Unter Datenanalyse-Techniken werden die distanzbasierte Klassifikation, formelle Konzeptanalyse und Ähnlichkeitsanalyse verstanden. Unter statistischen Analyse-Methoden werden Dichte und Streuung verstanden.

- Upper level formal ontologies Techniken verwenden innerhalb des Matching-Prozesses externe Quellen für ein gemeinsames Wissen in der Form einer Ontologie. Dadurch nutzen diese Matching Techniken die innerhalb der Ontologien zugrundeliegenden Semantiken aus. Jedoch sind im Augenblick keine Systeme bekannt, die diese Art der Techniken anwenden.

- Graphenbasierte Techniken sind Graph-Algorithmen, die eine Ontologie als gekennzeichneten Graphen betrachten und analysieren. Die Ontologie (einschließlich Datenbankdiagramme und Taxonomien) werden als gekennzeichnete Graph-Strukturen angesehen. Gewöhnlich beruht der Ähnlichkeitsvergleich zwischen einem Paar von Knoten von zwei Ontologie auf der Analyse ihrer Positionen innerhalb der Graphen. Die Idee dahinter ist, dass, wenn zwei Knoten von zwei Ontologie ähnlich sind, ihre Nachbarn auch irgendwie ähnlich sein müssen. Zusammen mit rein auf den Graphen gegründeten Techniken gibt es weitere spezifischere auf die Struktur gegründete Techniken, wie bspw. Bäume einbeziehend.

- Taxonomiebasierte Techniken sind auch Graph-Algorithmen, die nur die spezialisierte Beziehung betrachten. Die Idee hinter taxonomischen Techniken ist, dass *is-a-* Verbindungen Begriffe verbinden, die bereits ähnlich sind (als eine Teilmenge oder Obermenge von einander interpretiert werden), deshalb können ihre Nachbarn auch irgendwie ähnlich sein.

- Repository der Strukturen Techniken sind die Ontologien und ihre Fragmente zusammen mit den paarweisen zwischen ihnen liegenden Ähnlichkeiten speichern. Wenn neue Ontologien verglichen werden sollen, können die gespeicherten Ähnlichkeiten zuerst überprüft werden, um die zusammenpassenden Fragmente zu finden und um damit eine Match-Operation zu vermeiden. Die verfügbaren Ähnlichkeiten könnten helfen, Fragmente zu identifizieren, die es Wert sind ausführlicher zu Matchen.

- Modellbasierte Techniken sind Algorithmen, die den Eingang behandeln, der auf seine semantische Interpretation basiert ist. Die Idee ist, dass wenn zwei Entitäten dasselbe sind, sie dann dementsprechend dieselben Interpretationen teilen. Sie werden durch deduktive Methoden gut verwendet.[EuSh07; [76]]

Jede dieser Techniken ist in der Lage, Ähnlichkeiten zwischen eingegebenen Ontologien durch einen Algorithmus festzustellen. Da eine Technik zumeist nicht in der Lage ist, alle Ähnlichkei-

---

[76] http://ausweb.scu.edu.au/aw08/papers/refereed/leung/paper.html, zuletzt aufgerufen 22.03.2011

ten aufzuspüren, werden mehrere Techniken parallel oder seriell bzw. aufeinander aufbauend mit verschiedenen Algorithmen benutzt. Dies führt zu hybriden Techniken.

5.2.5.2 Merging und Mapping

Der Matching Prozess wird wiederum in den beiden Prozessen Mapping und Merging eingesetzt. In Abbildung 5.9. wird der Zusammenhang zwischen diesen drei Begriffen dargestellt.

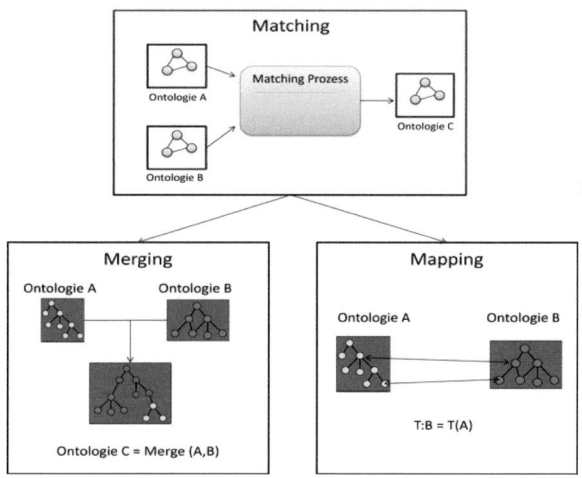

Abbildung 5.9: Zusammenhang zwischen Matching, Merging und Mapping

Ohne genauer auf deren Umsetzung einzugehen, werden bei der Merging-Methode Ontologien miteinander vereinigt bzw. eine Ontologie in eine andere Ontologie fest integriert. Es entsteht eine völlig neue Ontologie, welche die vorherigen Quellontologien ersetzt und aus der Vereinigung ihrer Konzepte besteht. Dies ermöglicht eine integrierte Sicht auf alle Quellontologien. Das Merging von Ontologien ist ein sehr aufwendiger und fast nicht wieder zurückkehrbarer Vorgang, da alle Informationen der Quellontologien in der neuen Ontologie enthalten sein müssen. Zudem fällt es aufgrund der zu verarbeitenden großen Informationsmenge sehr schwer Aktualisierungen und Änderungen, die sich zu den ursprünglichen Quellontologien ergeben, in der neuen Ontologie vorzunehmen. Am besten lässt sich diese Methode anwenden, wenn eine allgemeinere Ontologie mit einer speziellen Ontologie verbunden werden soll [Droe10, S.146].

Dagegen werden beim Mapping einfache Verbindungen zwischen Ontologien hergestellt. Hierbei werden die Quellontologien separat gehalten und selbst nicht verändert. Es entsteht eine Abbildung unter den Ontologien, die zusätzlich zu den unveränderten Ontologien als eine virtuelle globale Ontologie aufgefasst und gespeichert werden kann. Dadurch werden Probleme des

Merging-Verfahren vermieden. Die Mapping-Methode ist am besten Einzusetzen, wenn es sich um gleichartige Ontologien handelt, deren Themengebiete sich an mindestens einer Stelle überschneiden [Droe10, S.146].

5.2.5.3 Methoden (semi-)automatischer Verfahren

Für die Integration von Ontologien wurden bis heute verschiedene Frameworks, Methoden und Tools entwickelt, die durch ihren Aufbau unterschiedliche Schwerpunkte beinhalten. Diese lassen sich in semi-automatisiert und automatisiert unterscheiden. Automatisierte Werkzeuge wenden einen Match-Operator auf ein Paar von Ontologien an und erzeugen damit ein Mapping. Bei semi-automatisierten Werkzeugen muss ein menschlicher Nutzer dagegen in den Prozess der Mapping-Generation eingreifen und einzelne Mappings bestätigen oder ablehnen, woraufhin in der nächsten Iteration weitere Mappings generiert werden. In diesem Abschnitt werden die beiden Tools COMA++ und FOAM als Beispiel für das Mapping von Ontologien vorgestellt. Das Augenmerk hierbei liegt besonders auf dem Matching-Prozess der beiden.

An dieser Stelle ist darauf hinzuweisen, dass ein automatisches Mapping durch ein Tool oder Werkzeug nur begrenzt möglich ist. Da immer noch ein Nutzer benötigt wird, der dieses Mapping kontrollieren und korrigieren muss.

5.2.5.3.1 Coma++

COMA++ basiert auf dem Prototypen COMA (Combining Match Algorithm) und wurde am Fachbereich der Informatik der Universität Leipzig entwickelt[77]. Es ist ein Schemata und Ontology Matching Werkzeug. Dementsprechend verfolgt es den Ansatz mit verschiedenen Match-Algorithmen und unterschiedlichen Kombinationsstrategien einen Zusammenhang und gute Matchergebnisse zwischen Schemata oder Ontologien verschiedener Domänen finden zu können [EuSh07, S.237]. Intern benutzt COMA++ ein eigenes generisches Datenmodell, welches in einem relationalen DBMS zur einheitlichen Unterstützung von Schemata und Ontologien implementiert wurde. Dadurch kann es XML-Schemata und Ontologien im OWL-Format, intern in ein eigenes Format, das auf gerichteten azyklischen Graphen basiert, umwandeln und verarbeiten. Die Bedienung erfolgt über eine eigene Nutzungsschnittstelle.

Coma++ besteht aus einer Architektur die mehrere Komponenten beinhaltet. Sie ermöglichen u.a. das importieren, speichern und verarbeiten von Schemata oder Ontologien[78]. Zu diesen

---

[77] http://dbs.uni-leipzig.de/Research/coma.html letzter zugriff 22.03.2011
[78] Genauer unterstützt COMA++ Ontologien in OWL-Lite

Komponenten gehört die Execution Engine, in der das automatische Matching erfolgt. Dazu lassen sich verschiedene Matcher mit unterschiedlichen Algorithmen zur Analyse kombinieren. Anhand von Ähnlichkeitswerten, die sich aus den verschiedenen Algorithmen ergeben, werden ermittelte Mappings zusammengefasst und dem Anwender graphisch dargestellt. Dem Anwender steht es frei nach dem automatischen Matchen, diese Ergebnisse (Mapping) zu entfernen, anzupassen oder neue hinzuzufügen. In Abbildung 5.10 wird dieser Matchprozess von COMA++ dargestellt.

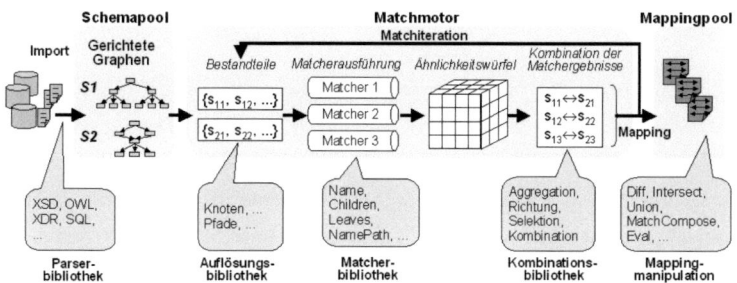

Abbildung 5.10: Matching-Prozess von Coma++ [79]

Generell besteht der Matchprozess aus einer Matchiteration, die aus mehreren Teilschritten bestehen:

- Zunächst werden zwei beliebe Schemata oder Ontologien vom Repository für eine Matchoperation geladen und in Fragmente zerlegt.
- Diese Fragmente werden nach Ähnlichkeiten bzw. matchbaren Bestandteilen untersucht. Indem verschiedene voneinander unabhängige Matcher ausgeführt und deren Ergebnisse aggregiert werden. Dazu gehören diejenigen Paare, dessen Ähnlichkeitswerte dem vom Anwender eingegebenen Schwellwert erfüllen oder besser sind.
- Die aggregierten Ergebnisse werden als Teilergebnisse weitergegeben.
- Das Gesamtergebnis resultiert aus der Summe dieser Teilergebnisse.

5.2.5.3.2 FOAM

FOAM steht für *„Framework for Ontology Alignment and Mapping"* und wurde an der Universität Karlsruhe entwickelt. Es ist ein Tool zur vollautomatischen Bestimmung von Ähnlichkeiten zwischen Ontologien. FOAM basiert auf der KAON2 Infrastruktur und unterstützt daher

---

[79] http://dbs.uni-leipzig.de/Research/coma.html letzter zugriff 22.03.2011

Ontologien in OWL[80]. Es bietet eine Webbasiertes Schnittstelle, ein Kommandozeilenwerkzeug und eine JavaAPI an. Ebenso bietet es auch Übersetzungswerkzeuge von und zu zusammengehörigen und anderen Formaten an. Das FOAM-Framework bündelt mehrere Methoden mit ihren Algorithmen und Strategien. Deren Kombination durch verschiedene sog. Szenarien wie Datenintegration, das Ontologie-Merging, Ontologie-Evaluation, Frage schreiben ausgewählt werden können. [EuSh07, S.240; EhSu04a]

Der Matching-Prozess bei FOAM läuft in sechs Schritten ab, die bereits in Kapitel 4.9 beschrieben worden sind.

5.2.6 Integrationsaufgabe der Schnittstelle

Zur Integration der Informationsquellen ist ein Merging durch das „*Merging und Mapping*"-Tool der Schnittstelle vorgesehen. Durch das Merging mit Quellontologien soll eine vereinigte globale Ontologie resultieren, die einen Zugriff auf Informationen von verteilt vorliegenden Informationsquellen über eine zentrale Stelle ermöglicht. Dementsprechend soll dem Anwender eine globale Ontologie präsentiert werden, auf deren Basis bspw. eine Anfrage nach Informationen gestellt werden kann.

Der Integrationsprozess soll automatisch durchgeführt werden. Daher ist es Notwendig eine geeignete Matching-Technik bzw. einen Algorithmus zu finden, der ein automatisches Merging der lokalen Ontologien ermöglicht. Dieser sollte, falls möglich, schon Bestandteil eines in die Schnittstelle integrierbaren Tools sein.

Untersuchungen bezüglich der konkreten Umsetzung der Integrationsaufgabe, machten deutlich, dass momentan die Verfügbarkeit eines geeigneten integrierbaren Tools oder Algorithmus für das Merging nicht gegeben ist. Das Fehlen von Standards und allgemein akzeptierte Vorgehensweisen macht eine Entwicklung ebenso schwierig. Überwiegend liegt der Grund darin, dass die ontologiebasierte Informationsintegration noch in ihren Anfängen steht und die meisten Ansätze nur in der Theorie beschrieben werden. Daher noch nicht in der Praxis vorhanden sind. Die Zahl der verfügbaren automatischen Tools oder mögliche Lösungen beschränken sich dementsprechend auf einige wenige. Desweiteren sind sie der Öffentlichkeit gegenüber verschlossen und nicht zugänglich. Infolgedessen steht kein Quellcode zur Verfügung. Auch die Betrachtung nach alternativen Möglichkeiten zur Lösung der Aufgabe wie bspw. aus dem Bereich des Mapping von Ontologien birgt keinen Ausweg. Diese Erkenntnis führt dazu, dass die Notwendigkeit resultiert ein eigenes Tool mit entsprechendem dahinter stehendem Algorithmus zu entwickeln.

---

[80] Genauer unterstützt es OWL-Lite und OWL-DL, OWL-Full dagegen nicht.

5.2.7 Lösung der semantischen Heterogenität

Wie bereits beschrieben liegt die Hauptschwierigkeit der Informationsintegration darin, dass Heterogenität zwischen den einzelnen Informations- oder Datenquellen behoben werden müssen. Zwar helfen Ontologien dabei, in diesem Fall, die standardisierte Syntax OWL, dass Wissen und Informationen innerhalb einer Domäne zu modellieren. Doch ist dies nur eine Lösung der syntaktischen Heterogenitätsprobleme. Auch hier müssen bspw. Synonyme und Homonyme zwischen den einzelnen Ontologien erkannt und nach Möglichkeit aufgelöst werden. Infolgedessen ist die semantische Heterogenität nicht gelöst. Gleiche Sachverhalte können mit unterschiedlichen Begriffen in verschiedenen Ontologien modelliert werden. Da durch die Verwendung von unterschiedlichen Begriffen für gleiche Sachverhalte unterschiedliche Ontologien modelliert werden und entstehen, muss eine Lösung für diese semantische Heterogenität gefunden werden.

Daher erfordern Ontologien auf der soziokulturellen Seite die Einigung einer Gruppe von Anwendern auf die jeweiligen Begriffe und Zusammenhänge, sprich nach einem Vokabular. Dies kann mittels einer weiteren Ontologie behoben werden. Indem ein Gremium dieses Vokabular über diese Domäne erfasst und der Nutzung zur Verfügung stellt, können die zu erstellenden Ontologien dieses Vokabular nutzen. So dass die semantische Heterogenität unterbunden wird[81]. Als Wahlsprache wird in dieser Arbeit SKOS gewählt. Infolgedessen soll die gesamte Infrastruktur der Schnittstelle auf Basis des in SKOS festgelegten gemeinsamen Vokabulars operieren. Die kontrollierte Verschlagwortung und Kodierung des gemeinsamen Vokabulars, beschränken sich nicht nur auf die Einführung von Begriffen bzw. Konzepten und Beziehungen, sondern ihre konsistente Bedeutung innerhalb des Systems.

> *"The SKOS data model provides a standard, low-cost migration path for porting existing knowledge organization systems to the Semantic Web (W3C, 2009)[82]."*

SKOS[83] steht abgekürzt für Simple Knowledge Organisation System. Das „Simple" drückt aus, dass auf einige Merkmale zur Repräsentation von KOS verzichtet wird [84]. Die Namensgebung beruht auf der Absicht, Wissen auf maschinenverständliche Weise durch ein einfaches und starkes Framework für den Gebrauch im Semantic Web zur Verfügung zu stellen [Miles et al. 05, S.2]. Dementsprechend resultiert SKOS aus den jahrelangen Bemühungen der Semantic Web-

---

[81] An dieser Stelle sei bemerkt, dass die Nutzung eines gleichen Vokabulars nicht die Garantie der Auflösung einer semantischen Heterogenität ist. Da trotz gleichem Vokabular sich dennoch verschiedene Modellierungen für die gleiche Domäne ergeben können.

[82] http://www.w3.org/TR/skos-reference/ letzter zugriff 22.03.2011

[83] SKOS, siehe http://www.w3.org/2004/02/skos/ letzter zugriff 22.03.2011

[84] www.kim-forum.org/material/pdf/KIM_BID2010_eckert.pdf, zuletzt aufgerufen 22.03.2011

Initiative und wurde durch das W3C im August 2009 als neuer Standard für webbasierte KOS veröffentlicht[85]. Es soll ein Mittel zur Verfügung stellen, um KOS einschließlich kontrollierter Vokabulare, Thesauren, Taxonomien und Folksonomies auf eine verteilte und verlinkte Weise zu vertreten. Dementsprechend erstreckt sich der Umfang von SKOS von Thesauren bis zu anderen Typen der Wissensorganisationssystemen (KOS), wie Klassifikationsschemas, Schlagwort-Systeme, Taxonomien, Wörterverzeichnisse, kontrollierte Vokabulare etc..

Das Ziel von SKOS ist die bessere Organisation von unstrukturierten Daten und Daten eine Bedeutung zu verleihen. Es dient der Veröffentlichung und Kombination von kontrollierten und strukturierten Vokabularen in einem maschinenlesbaren Standardformat. Dies macht es dem Semantic Web möglich Daten mit anderen standardisierten Datenquellen zu Teilen und zu Verlinken. Aufgrund der einfachen Anwendung ist SKOS einen beliebten und viel verwendeter Standard zum Austausch von Daten geworden [Phill08, S.29]. Die Leitidee ist es, mit einer formalen Sprache Metadaten und über eine eindeutige URI zu beschreiben.

Als ein dem Semantisches Web entsprechendes Format ist SKOS Konzeptorientiert. Das bedeutet dass das grundsätzliche Element einer in SKOS entworfenen Sprache das Konzept ist und nicht die Instanz das dieses Konzept ausdrückt. SKOS wird als ein Datenmodell präsentiert[86], welches aus einer grundlegenden Struktur besteht, die durch spezifische Klassen für die Detaillierung lexikalischer Teile oder semantischer Beziehungen zwischen den Konzepten der Terminologie erweitert werden kann. Genauer besteht es aus einer Menge von Ressourcen, Properties und dazu gehörenden Regeln in RDFS und OWL. Infolgedessen besteht das SKOS Datenmodell aus einer OWL Ontologie, die mit OWL-Full definiert ist und aus den Elementen Klasse und Eigenschaft besteht. Auf RDF und RDF-S basierend, strukturiert bzw. drückt SKOS die Daten in der Form von RDF-Tripel aus, die in jeder für RDF gültigen Syntax codiert werden können. Konzepte können dadurch ein Gegenstand oder Objekt sein, die über eine SKOS Eigenschaft verbunden sind. Wobei die Eigenschaft das Prädikat ist.

Das SKOS Datenmodell besteht in drei Hauptbestandteilen: Klassen, Eigenschaften und Beziehungen. Diese drei Bestandteile fangen immer mit dem Präfix "skos:" an. Die Unterscheidung zwischen einer Klasse und einer Eigenschaft wird durch den Fall getan, dass das Element im Anschluss an dem "skos:"-Präfix mit einem Großbuchstaben anfängt. Somit sind bspw. „skos:Concept" und „skos:ConceptScheme" Klassen. Falls das Element im Anschluss des "skos:"-Präfix mit einem Kleinbuchstaben anfängt, wie bspw. „skos:prefLabel", handelt es sich beim diesem Element um eine Eigenschaft und nicht um eine Klasse.

---

[85] http://www.w3.org/TR/skos-reference/ letzter zugriff 22.03.2011

[86] http://www.w3.org/TR/2009/REC-skos-reference-20090818/, zuletzt aufgerufen 22.03.2011

Im Folgenden sollen die Bestanteile des SKOS Vokabulars kurz beschrieben werden:

- Konzept: Das einfachste und zentrale Element von SKOS sind Konzepte „skos:Conept". Ein Konzept in SKOS ist eine Ressource, die mit einer weltweit eindeutigen URI identifiziert wird und zum Indexieren von Themen benutzt werden kann.
- Konzeptschema: Konzepte, die aus welchen Gründen auch immer inhaltlich in Zusammenhang stehen, werden zu einem Konzeptschema „skos:Conceptscheme" zusammengefasst. Das Konzeptschema stellt somit eine Ansammlung von Konzepten dar, die als eine Kategorie aufgefasst werden kann. Die Zugehörigkeit eines Konzepts zu einem Schema wird über das Prädikat „*inScheme*" ausgedrückt. Hierbei ist es möglich, dass ein Konzeptschema auch leer sein kann, da ein Konzept nicht unbedingt einem Konzeptschema zugeordnet werden muss.
- Labels: Konzepte können mit Bezeichnern, engl. Lexical Labels, in verschiedenen Sprachen versehen werden. Wobei zwischen den drei Arten skos:prefLabel, skos:altLabel, skos:hiddenLabel unterschieden wird.
  - *skos:prefLabel* bezeichnet den bevorzugten Namen einer Ressource, die am ehesten die Bedeutung des Konzepts in einer natürlichen Sprache darstellt.
  - *skos:altLabel* bezeichnet Synonyme, die ungefähr dieselbe Bedeutung, wie jene des prefLabel haben.
  - *skos:hiddenLabel* beinhalten falsche Schreibweisen, in Form von Zeichenketten eines Begriffs
- Identifikation und Dokumentation: Zur Identifikation und Dokumentation werden die Prädikate: notation, note, changeNote, definition, editorialNote, example, historyNote und scopeNote zur Verfügung gestellt. Diese dienen der eindeutigen Identifikation von Konzepten innerhalb eines bestimmten Konzeptschemas oder werden verwendet um zusätzliche Informationen über Ressourcen in natürlicher Sprache auszurücken.
- Semantische Relationen: Die Stärke des SKOS Datenmodells liegt in den semantischen Beziehungen „skos:semanticRelation", die verwendet werden können, um Verbindungen zwischen verschiedenen Konzepten und ihre semantischen Beziehungen zueinander definieren zu können. Es werden zwischen zwei verschiedenen Kategorien der semantischen Beziehung unterschieden. Dies sind zum einen die hierarchische Relation und zum anderen die assoziative Relation. Mit der hierarchischen Relation wird angegeben welche der beiden Konzepte allgemeiner bzw. bedeutender ist als die andere. Indem „*skos:broader*" für das bedeutendere Konzept und „*skos:narrow*" für das speziellere Konzept eingesetzt werden. Bei der assoziativen Hierarchie wird „skos:related" verwendet, um eine Verbindung zwischen zwei Konzepten zu beschreiben, deren Konzepte untereinander weder bedeutender noch spezieller sind.

- Link: Konzepte können zur Beschreibung der hierarchischen Struktur mit übergeordneten Konzepten verlinkt werden. Hierbei stellt
    - *„broader"*: das übergeordneten Konzept
    - *„narrower"*: das untergeordnete Konzept
    - und *„related"*: anderweitig verwandte Konzepte dar.
- Gruppierung: Das SKOS Datenmodell erlaubt es in Zusammenhang stehende Ressourcen in benannte und/oder geordnete Gruppen, sei es aus welchem Grund auch immer, mit *„skos:collection"* zusammenzufassen.
- Mapping: Schließlich stellt das SKOS Datenmodell mehrere Mapping-Eigenschaften zur Verfügung um Relationen zwischen Konzepten aus verschiedenen Konzeptschemas zu beschreiben. Diese Eigenschaften sind *skos:closeMatch*, *skos:exactMatch*, *skos:broadMatch*, *skos:narrowMatch*, *skos:relatedMatch*[87]. Dadurch lassen sich auf einfache Weise bereits vorhandene Konzepte aus fremden Konzeptschemen in ein eigenes Konzeptschema integrieren.

Ein Beispiel zum verdeutlichen des SKOS Datenmodell erfolgt im Anhang A5.

5.2.8 Nutzungsszenarien der Schnittstelle

Nach erfolgreicher Erstellung der Schnittstelle, kann diese vielfältig eingesetzt werden. Dies kann nicht nur im Bereich der Informationserschließung liegen, sondern auch der Informationsaustausch und die Recherche nach relevanten Informationen kann zu ihrem nutzen gehören.

- Nachschlagewerk: Die globale Ontologie kann durch den Zusammenschluss der lokalen Ontologien, die in ihnen befindenden Informationen abbilden und eine Orientierung innerhalb dieses Anwendungsbereichs vermitteln. Da sie eine klar strukturierte Begriffssammlung des Anwendungsbereichs beinhaltet, kann sie für die Beantwortung von Fragen herangezogen werden. Zudem bietet sie die Möglichkeit als Instrument in verschiedenen Suchsystemen eingebunden zu werden, um bei einer Recherche helfend beizustehen.
- Kommunikationshilfe: Die globale Ontologie kann bei Vorhaben, an den mehrere Gruppen beteiligt sind, als Kommunikationsinstrument benutzt werden, indem es die semantische Mehrheit überwindet.
- Navigationssystem: Durch die Visualisierung der globalen mit den einzelnen Ontologien, bietet sich die Möglichkeit unterschiedliche Zusammenhänge und bestimmte von Benutzern erwünschte Sachverhalte bzw. Auszüge zu veranschaulichen.

---

[87] Für eine genaue Beschreibung sei auf das Original Dokument verwiesen:

- Erschließung von Informationen: Da die globale Ontologie eine Metastruktur aufweist, kann sie den Datenaustausch zwischen weiteren heterogenen Datenbeständen unterstützen. Zudem kann sie nach der Fertigstellung als ein Archiv für relevante Themen fungieren.

5.2.9 Zusammenfassung

Nachdem in den vorangehenden Kapiteln und Abschnitten der Sinn und Nutzen von Ontologien als explizite Beschreibung von Informationsquellen bei der Informationsintegation, Anforderung in Bezug auf die Schnittstelle, Herangehensweisen für die Integrationsarchitektur und zu erwartende und berücksichtigende Konflikte vorgestellt und begründet wurden, soll nun in diesem Abschnitt zusammenfassend ein grober Überblick darüber gegeben werden, nach welchem Ansatz die Schnittstelle zur ontologiebasierten Informationsintegration handelt und wie der Ansatz umgesetzt werden kann.

Als erstes fällt die Wahl für den Aufbau der Architektur auf den hybriden Ansatz. Dementsprechend werden die lokalen Ontologien der verschiedenen Informationsquellen einzeln als Ontologie der Quelle betrachtet. Darüber hinaus werden zwei große Ontologien gebildet. Die erste dient der Festlegung auf eine gemeinsame und allgemein gehaltene Terminologie. Sie besteht aus Wörtern bzw. Begriffen und ihren Beziehungen zueinander. Sie wird als eine SKOS OWL-Ontologie zur Verfügung gestellt. Dieses gemeinsame Vokabular dient der Beschreibung von gemeinsamen Konzepten, die in den lokalen Informationsquellen und der gemeinsamen globalen Ontologie verwendet werden. Damit lassen sich ergebende Konflikte, die durch das Hinzufügen neuer Informationsquellen aufkommen auflösen oder gar umgehen. Zudem wird die Anpassung der globalen Ontologie nicht erforderlich.

Das gemeinsame Vokabular wird vorerst durch Domänen-Experten gebildet. Das Vokabular kann nicht willkürlich erweitert, bearbeitet oder verändert werden. Da die Änderungen eine sehr große Auswirkung auf das gesamte System haben. Für den Fall, dass ein neuer Begriff in das Vokabular aufgenommen werden soll, sei es von einem Anwender oder einem Experten, muss der Wunsch an ein Gremium bestehend aus Delegierten geäußert werden. Erst nach reiflicher Begutachtung und Abschätzung der Auswirkungen kann ein Begriff hinzugefügt werden.

Die Erstellung der globalen Ontologie kann auf zwei verschiedene Wege geschehen. Zum einen kann sie manuell durch ein Ontologie-Erstellungswerkzeug und einem Gremium erstellt werden. Da bisher keine Standardvorgehendweise für die Modellierung einer Ontologie existiert, kann das Expertengremium nach einer von ihnen als sinnvoll erachteter Methodologie vorgehen. Zum anderen kann die globale Ontologie durch das erste Verschmelzen von zwei Ontologien erfolgen. Bei beiden Ansätzen muss die gemeinsam festgelegte Terminologie verwendet werden, um gemeinsame Begriffe einzuführen, die miteinander in Beziehung stehen, und die Allgemeingültigkeit für die Informationsquellen zu gewährleisten.

Auf Basis der vorgestellten Infrastruktur können verschiedene Informationsquellen über das Merge und Mapping-Tool in eine globale Ontologie integriert werden. Hierfür sind die Methoden zum Aufstellen einer solchen Infrastruktur als auch die Algorithmen näher zu betrachten, die für die Integration der Informationsquellen nötig sind. Dies schließt die Auswahl der Algorithmen für das Matchen und Merging der Ontologien ein.

Zuletzt sind für die graphische Präsentation der Ontologien entsprechende Methoden, Frameworks oder Tool zu finden und auf ihre Verwendung innerhalb der Schnittstelle hin zu analysieren. Da viele Alternativen bestehen, muss die Wahl und Analyse im Bereich der Smart- und Matrix-Tree-Darstellungen erfolgen.

Entsprechend diesen festgelegten Bedingungen ergibt sich die in Abbildung 5.11 darstellte Architektur mit entsprechender Funktionalität.

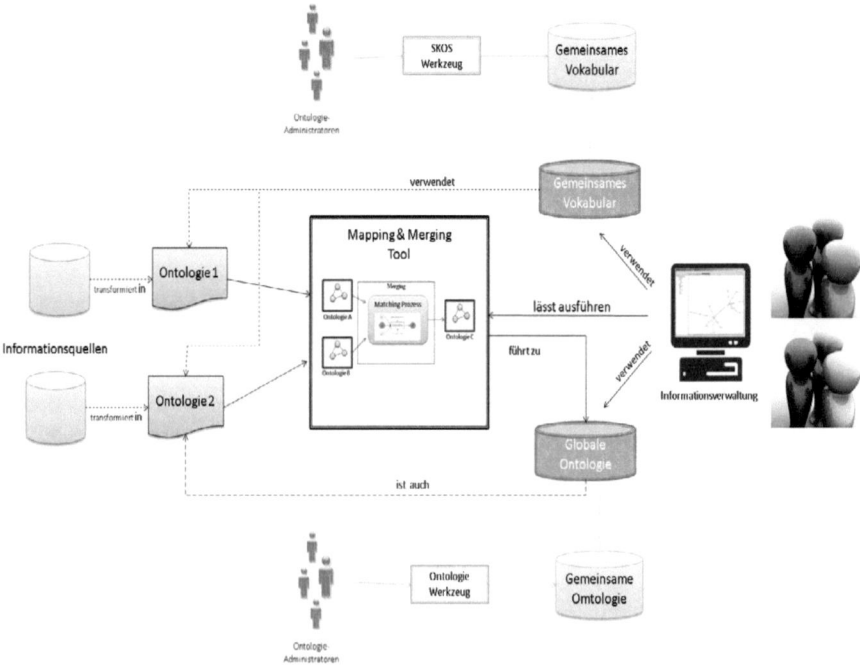

Abbildung 5.11: Architektur der Schnittstelle

6 Evaluation der Schnittstelle

In diesem Kapitel werden die im Kapitel 4 entwickelten Anforderungen auf ihre Erfüllung und generelle Anwendbarkeit durch den Prototypen überprüft. Es umfasst hierbei das Zusammenwirken der einzelnen Komponenten.

Die Hauptanforderungen, die sich dem implementierten Prototyp stellen, sind:

- die Bildung eines semantischen Datenmodells für eine Informationsquelle mit anschließender Transformation in eine Ontologie.
- die Zusammenfassung der Informationsquellen zu einer globalen Ontologie, die mittels einer semantischen Anreicherung und der Bildung von lokalen Ontologien geschehen soll.
- Die Präsentation der jeweiligen Ontologien über eine geeignete Visualisierungsmethode

Eingangs werden der Begriff und Typen einer Evaluation beschrieben. Anschließend werden die Kriterien anhand derer die Funktionalitäten des Prototyps untersucht werden können, zusammengestellt. Dazu werden die Voraussetzungen für eine Evaluierung beschrieben und eine Beschreibung der konkreten Evaluierungsmethode vorgenommen. Dafür werden mögliche Testfälle erarbeitet und vorgestellt, anhand derer eine Einschätzung des Prototyps ermöglicht werden kann. Das Ziel dieses Abschnitts ist eine mögliche Evaluation des implementierten Prototyps zu entwickeln und nach Ausführung zu bewerten.

6.1 Definition der Evaluation

Evaluationen können aufgrund ihrer unterschiedlichen Anwendung in eine Vielzahl von unterschiedlichen Formen und Arten unterschieden werden. Sie sind auf bestimmte Evaluationszwecke hin ausgerichtet und so geplant, dass ihre Durchführung durch die gesetzten Zwecke angeleitet wird. Anlässlich ihrer Unterscheidungen finden sich in der Literatur zahlreiche Definitionen wieder, die eine Evaluation je nach Anwendungsbereiche, Aufgaben und zugrunde liegenden Konzepten unterscheiden lassen.[DeGE08, S.15]

Die Gesellschaft für Evaluation (DeGEval) beschreibt eine Evaluation als

> *" die systematische Untersuchung des Nutzens oder Wertes eines Gegenstandes. Solche Evaluationsgegenstände können z. B. Programme, Projekte, Produkte, Maßnahmen, Leistungen, Organisationen, Politik, Technologien oder Forschung sein. Die erzielten Ergebnisse, Schlussfolgerungen oder Empfehlungen müssen nachvollziehbar auf empirisch gewonnenen qualitativen und/oder quantitativen Daten beruhen."[DeGE08, S.15]*

Aufgrund möglicher Evaluationen in unterschiedlichen Bereichen, kann sich eine Vielzahl von Möglichkeiten ergeben, wie eine Evaluation organisiert und ausgeführt werden kann. Doch weisen sie alle die folgenden Elemente auf:

- Auftraggeber,
- Finanziers,
- Nutzer/innen, Adressaten/innen, Beteiligte und Betroffene,
- Durchführende Evaluationsteams,
- Evaluationszwecke,
- Evaluationsgegenstände,
- Ort der Evaluation,
- Evaluationsfragestellungen,
- Evaluationspläne,
- Untersuchungsmethodiken (bzgl. Erhebung, Auswertung und Interpretation)
- sowie - i.d.R. schriftlich fest gehaltene – Ergebnisse [DeGEl08, S.17]

Das Ziel einer Evaluation ist die Effizienz- und Erfolgskontrolle zum Zweck der Überprüfung der Eignung eines in Erprobung befindlichen Modells [Brock97, S.716]. Indem sie durch ein systematisches Vorgehen bzw. Bewertungsprozesses, Informationen über den zu prüfenden Gegenstand gewinnen lässt und dies mittels zu bestimmender Kriterien bewertet [Fisc05, S.11]. Im Allgemeinen wird mittels einer Evaluation versucht verwertbare Informationen über die Gebrauchstauglichkeit, Funktionalität und Akzeptanz eines Systems zu erhalten [Wern07, S.540]. Die gewonnen Erkenntnisse können im Weiteren dazu beitragen, unterschiedliche Entscheidungen, wie die Fortführung einer Idee oder die Akzeptanz eines Systems, zu treffen oder zumindest zu unterstützen.[Fisc05, S. 11]

6.2 Evaluationformen

Evaluationen stützen sich auf empirische Studien und empirisch gewonnene Daten [Fisc05, S.11]. Indem sie datengestützt und mit einer Bandbreite empirisch-wissenschaftlicher Methoden arbeiten. Wobei dies insbesondere die quantitativen und qualitativen Methoden der empirischen Sozialforschung sind.[DeGE01, S.16]

Die Unterscheidung einer Evaluation in ihrer Art und Form, hängt vom Stellenwert ihrer Schritte bzw. Ziele oder dem Standpunkt ihrer Betrachtung ab. Angewandt auf die Softwareentwicklung werden zwischen der summativen und formativen Evaluation unterschieden.

Bei der *summative Evaluation* handelt es sich um eine abschließende Bewertung. Sie werden daher häufig zum Ende bzw. bei vollständig entwickelten Gegenständen während oder nach ihrer Durchführung eingesetzt. Sie zieht eine Bilanz der Leistung zu einem Evaluationsgegenstand. Indem sie eine zusammenfassende Beurteilung, der direkten und nachträglichen Effekte oder Vorteile, für zukünftige gleiche oder ähnliche Gegenstände zieht. Die summative Evaluation steht der Idee der Qualitätskontrolle nahe.

Bei der *formativen Evaluation* geht es vor allem um die Bewertung der inhaltlichen Gestaltung und der Implementierung des Gegenstandes. Indem ihre Ergebnisse direktes Feedback zur Optimierung des betrachteten Gegenstandes gibt. Sie zielt vorrangig auf Verbesserungen ab. Dadurch soll es Verantwortlichen und Beteiligten gelingen, den Evaluationsgegenstand und seinen Nutzen zu verbessern und Ressourcen möglichst gut einzusetzen. Die formative Evaluation hat Ähnlichkeit mit der Idee der Qualitätssicherung.

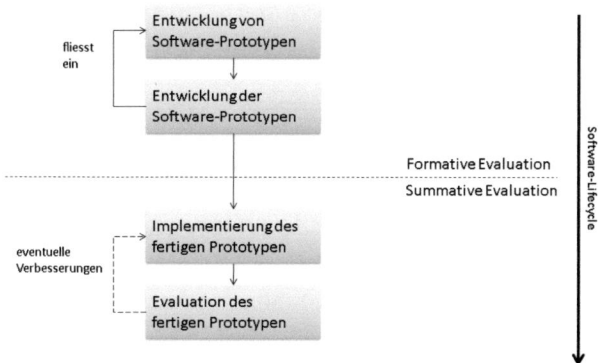

Abbildung 6.1: *Formative und summative Evaluation in der Softwareentwicklung*[88]

In Bezug einer Software-Evaluation wird zudem zwischen Prozess- und Ergebnisevaluation unterschieden:

- Prozessevaluation, begleitet das Programm und untersucht, welche Aktivitäten und Ereignisse die Umsetzung des Programms prägen. Sie ist nicht zu verwechseln mit formativer Evaluation.
- Ergebnisevaluation, zielt auf die Überprüfung der Resultate ab. Das Interesse hierbei liegt weniger in dem Interesse was während der Projektumsetzung passiert, sondern mehr auf der Frage, welche Konsequenzen im Endeffekt bei den Zielgruppen zu beobachten sind.

Beide Formen können miteinander verknüpft werden, um eine Aussage zur Klärung der Wirkungsfrage ermitteln zu können.[HaHS05, S.2]

---

[88] Quelle: karakol nach http://www-is.offis.uni-oldenburg.de/~dibo/teaching/mm97/buch/node72.html, zuletzt aufgerufen 22.03.2011

Aufgrund der Aufgabenstellung und des Zeitrahmens wird innerhalb dieser Arbeit die summative Form der Evaluation gewählt. Ausgangspunkt für diese Form der Evaluation bilden die gestellten Anforderungen bzw. Zielvorstellungen aus dem Kapitel 4. Dadurch soll das Treffen von Aussagen bezüglich der Qualität des Konzeptes und dessen Umsetzung gewährleistet werden.

Die gewählte Evaluation sollte dabei die vier grundlegenden Eigenschaften aufweisen:

1. *Nützlichkeit: Die Nützlichkeitsstandards sollen sicher stellen, dass die Evaluation sich an den geklärten Evaluationszwecken sowie am Informationsbedarf der vorgesehenen Nutzer und Nutzerinnen ausrichtet.*
2. *Durchführbarkeit: Die Durchführbarkeitsstandards sollen sicher stellen, dass eine Evaluation realistisch, gut durchdacht, diplomatisch und kostenbewusst geplant und ausgeführt wird.*
3. *Fairness: Die Fairnessstandards sollen sicher stellen, dass in einer Evaluation respektvoll und fair mit den betroffenen Personen und Gruppen umgegangen wird.*
4. *Genauigkeit: Die Genauigkeitsstandards sollen sicher stellen, dass eine Evaluation gültige Informationen und Ergebnisse zu dem jeweiligen Evaluationsgegenstand und den Evaluationsfragestellungen hervor bringt und vermittelt.[DeGE01]*

6.3 Anwendbarkeit des gewählten Evaluierungstyps

Aufgrund ihrer allgemein gehaltenen Definition und der Parallelen zur Aufgabenstellung, werden die in der Softwareentwicklung verwendeten Modelle, Methoden und Techniken der Evaluation adaptiert und verwendet. Weshalb eine Evaluation im Bereich der Softwareentwicklung erfolgen sollte, kann mittels drei verschiedenen Fragen und den damit verbundenen Evaluationszielen beantwortet werden.

1. „Was ist besser"- Vergleichend: Es werden unterschiedliche Systeme verglichen um zwischen ihnen liegende bessere Systeme auswählen zu können.
2. „Wie gut- Bewertend": Überprüfung eines Gegenstandes bezüglich bestimmter gewünschter und geforderter Systemeigenschaften. Sie geschieht meist zum Ende eines Entwicklungsprozesses
3. „Warum schlecht- Analysierend: Suche nach Fehlern im System, damit eine die Erarbeitung von Hinweisen und Verbesserungsvorschlägen bezüglich einer möglichen Weiterentwicklung geliefert werden kann.

6.4 Evaluationskriterien

Abhängig vom Evaluationsziel, ergeben sich unterschiedliche Kriterien, die in die Evaluation einfließen können. Anhand dieser wird die Größe des Evaluationsumfangs festgelegt. Während Evaluationsziele nach dem Grund einer Evaluation fragen, fragen Evaluationskriterien nach dem was evaluiert werden soll [Holz01, S. 7]. Da es sich hierbei um eine ontologiebasierte Schnittstelle handelt, können folgende Kriterien an den Prototypen gestellt werden: Datenzugriff, Datenkollektion, Überwindung der Integrationskonflikte, Effektivität des Merging und Präsentation.

6.5 Evaluationsmittel

Mit Hilfe der Evaluationsmittel werden die Evaluationskriterien zur Erreichung des gewählten Evaluationsziels beurteilt. Sie können nach dem Grad der am System beteiligten Anwender, die auch das System benutzten und bei der Beurteilung der Evaluationskriterien beteiligt sind, unterschieden werden. Darauf aufbauend können die folgenden Evaluationsmittel klassifiziert werden:

- Subjektive Evaluationsmittel: Beurteilung der Evaluationskriterien durch die Anwender, die das System auch benutzen. Unterschieden wird hier zwischen
    - mündlicher Befragung: Fragstellungen an Systemanwender, die zur Beurteilung der gewählten Evaluationskriterien dienlich sind
    - schriftlicher Befragung: Erstellung eines Fragebogens der vom Anwender ausgefüllt wird
    - lautem Denken: Aufforderung an die Anwender, während einer typischen Aufgabenbewältigung seine Überlegungen, Probleme und Handlungsalternativen laut vorzutragen.
- Objektive Evaluationsmittel: Versuch des Ausschlusses jeglicher subjektiver Einflüsse der Anwender wie z.B. Emotionen, Vorlieben und Vorurteile. Unterschieden wird zwischen
    - anwesende Beobachtung: Beobachtete Handlungen, Fehler, Ausführungszeiten und anderer wahrgenommener Attribute werden den Evaluationskriterien entsprechend von einen Beobachter beurteilt
    - abwesende Beobachtung: Indirekte Beobachtung des Benutzers beobachtet, z.B. durch eine Videoaufzeichnung oder logfile-recording.
- Leitfadenorientierte Evaluationsmittel: Möglichst objektive Beurteilung eines Produkts entlang eines Prüfleitfadens. Der Prüfleitfaden ergibt sich aus einer typischen Aufgabe des Software-Produktes. Während dieser Aufgabenbewältigung wird die Software ent-

sprechend der Evaluationskriterien beurteilt. Für leitfadenorientierte Evaluationsmittel ist kein Benutzer notwendig.[Holz01]

6.6 Betrachtung der Implementierung gegen das Konzept

Die Evaluation einer Software hat drei Hauptziele. Dies ist, die Ermittlung von Problemen der Benutzer im Umgang mit der Software. Die Bewertung der Funktionalität der Software und die Ermittlung der Effekte einer Software auf die Benutzer. [Dix et al. 95]

Im Folgenden werden einzelne Punkte, die für die Erfüllung der Evaluierung nötig sind, aufgelistet. Diese stellen sicher, dass die Anwendung der Evaluierung angemessen, vollständig und korrekt realisiert wird.

- Es liegt ein vollständig implementierter und unter realen Bedingungen laufender funktionsfähiger Prototyp vor, der Komponenten für die Integration von Informationen aus verteilt vorliegenden Informationsquellen enthält.
- Der Entwickler steht für die Ausführung des Testlaufs zur Verfügung, damit ein optimales Ergebnis erzielt werden kann.

Im Kontext der Implementierung dieser Diplomarbeit müssen Informationsquellen mit Testdatensätzen für die Bereitstellung von Daten implementiert und in ein geeignetes Datenmodell überführt sein. Desweiteren müssen ein gemeinsames Vokabular und eine gemeinsame Ontologie erstellt werden, die die automatische Zusammensetzung der entsprechenden Informationsquellen in Form von lokalen Ontologien ermöglicht bzw. unterstützt.

6.6.1 Durchführung der Evaluation auf den implementierten Prototypen

Im Mittelpunkt dieser Arbeit steht der geschilderte Ansatz einer ontologiebasierten Schnittstelle für die Integration von Informationen aus verteilt vorliegenden Informationsquellen. Hierbei kann die Evaluation in mehrere Teilaufgaben aufgeteilt werden, die zu einem besonders guten Ergebnis führen können. Die jeweiligen Aufgaben können bspw. die Evaluierung der gemeinsamen Ontologie und das gemeinsame Vokabular beinhalten. Indem eine Ontologie nicht als Ganzes, sondern eher einzelne ihre Teilaspekte, wie ihr Vokabular und Daten, Relationen, Kontext, Syntax, Struktur, Architektur und Design evaluiert werden und mit Fragebögen die Vollständigkeit der Konzepte und die Abdeckung der wichtigsten Kategorien überprüft wird. Eine weitere Aufgabe kann das bestimmen des Leistungsspektrums des Merge und Mapping-Tools beinhalten. Indem ein Vergleich mit anderen vergleichbaren oder ähnlichen Tools erfolgt, um so den Mehrwert gegenüber anderen Methoden der Informationsintegration zu evaluieren. Auch die Evaluierung der lokalen Ontologien und die Überwindung der Integrationskonflikte können zu diesen Aufgaben gehören.

Zwar steht eine Evaluierung der einzelnen Aufgaben dem Evaluierungsziel im Konsens, doch erfolgt die Evaluierung, aufgrund des Zeitanspruchs, im Hinblick auf diese Arbeit als Ganzes. Dementsprechend soll eine Bewertung des Grades an Erfüllung der Funktionalitäten des implementierten Prototyps erfolgen. Indem bewertet wird, wie gut Informationen mit Hilfe von Ontologien über eine Schnittstelle verknüpft und in einer verständlichen Form dem Anwender übergeben bzw. präsentiert werden.

In der Softwareentwicklung besteht ein enger Zusammenhang zwischen dem so genannten Prototyping und der Evaluation. Prototyping ist eine Methode bei der die arbeitsfähigen Programmversionen (Prototypen) schon sehr früh gebaut und evaluiert werden. Sie stellen Repräsentationen eines Systems dar, die Benutzer die Möglichkeit der Interaktion geben, bevor das finale System existiert. Sie bieten im Rahmen der Evaluierung eine gemeinsame Diskussionsgrundlage und helfen damit unterschiedliche Vorstellungen des Untersuchungsgegenstandes zu verringern [Grechenig et al. 10, S.541].

Da es sich hierbei um einen Prototypen handelt und kein vergleichbares Open-Source-System während der Recherche gefunden worden ist, ist die Bestimmung der Qualität durch einen Vergleich nicht möglich. Infolgedessen muss nach einer Methode oder einem Werkzeug gesucht werden, die zur Durchführung der Evaluation eingesetzt werden kann. Die Wahl einer Methode oder eines Werkzeug zur Durchführung einer Evaluation hängt vor allem vom

- Evaluationsziel: Warum wird evaluiert?
- Evaluationsbereich: In welchem Bereich wird evaluiert?
- Evaluationsobjekt: Wer/was wird evaluiert?
- Evaluationsort: Wo wird evaluiert (zum Beispiel Feldstudie oder Labortests)?
- Evaluationsnutzung: Wie werden die Ergebnisse aufbereitet und entscheidungsrelevant verwendet?

Dazu gilt es Evaluationsszenarios oder einige Beispielszenario zu finden bzw. zu erstellen, anhand derer die Erreichung der Ziele hinsichtlich der im Konzept erstellten Anforderungen überprüfen lässt. Die Vorgehensweise zur Evaluation durch die Testszenarios kann folgendermaßen unterteilt werden, die dementsprechend sequentiell abgearbeitet werden:

1. Testen oder nicht testen – Motivation der Informationsintegration festlegen
2. Art des Test – Bestimmung des grundsätzlichen Testverfahrens
3. Variablendefinition und -zuordnung
4. Verwendetes Informationssystem – in dem Fall die Schnittstelle
5. Durchführung der Informationsintegration

6. Testanordnung
7. Datenerfassung
8. Datenauswertung
9. Ergebnispräsentation

An dieser Stelle soll angemerkt werden, dass sobald eine Durchführung des Testlaufs als erfüllt betrachtet wird, die geforderten Voraussetzungen ebenfalls als erfüllt betrachtet werden. Durch den erfolgreichen Testlauf, kann ebenfalls sicher gestellt werden, dass die einzelnen Komponenten zu einem fehlerfreien Gesamtsystem integriert werden können.

6.6.2 Testszenario

Testszenario 1

Ein u.a. mögliches Beispielszenario anhand dessen die Evaluation erfolgen kann, wäre wie folgt:

> *„Sie sind Anwender der Schnittstelle und möchten ihre Informationsquelle in die gemeinsame Ontologie integrieren. Dafür haben sie bereits eine Ontologie mit einem Open Source Werkzeug „Protege" erstellt. Nun wollen sie die Ontologie in ihren Account hochladen. Dies erfolgt mit einer Funktion die über Oberfläche zur Verfügung gestellt wird. Das Ergebnis des Hochladens wird über einen Visualizer grafisch dargestellt.*
>
> *Nachdem sie die Ontologie hochgeladen haben, möchten sie nun diese in die globale Ontologie integrieren. Dies erfolgt mit dem Auslösen einer Funktion, die die Oberfläche zur Verfügung stellt. Das Ergebnis der Integration wird über einen Visualizer grafisch dargestellt."*

Die Aufgabe der Testpersonen wäre, mithilfe des Prototyps das geschilderte Szenario nachzuahmen und bspw. dabei einen aus mehreren Schritten bestehenden Fragebogen zu beantworten. Der Fragebogen kann dabei ein durchaus bestehender, leicht modifizierter oder eigens für den Prototyp entworfener sein. Die Fragen die sich hier schon ergeben sind:

- Reichen die durch den Prototyp gegebenen Voraussetzungen für die Integration der Informationen aus?
- Ist ein Hochladen der eigenen Ontologie möglich?
- Ist das Merge und Mapping-Tool vorhanden?
- Wird die eigene Ontologie mit der globale Ontologie zusammengeführt?
- etc.

Über ausgefüllten Fragebögen mit geeigneten Fragen kann eine Beurteilung über die Qualität und Funktionen der Schnittstelle erfolgen. Indem die sich ergebenden Ergebnisse ausgewertet werden. Im Zentrum der Ergebnisauswertung sollten die in Kapitel 4 angesprochenen funktionalen Anforderungen stehen.

Testszenario 2

Damit eine Evaluierung erfolgen kann, braucht es eine Anzahl unterschiedlicher Kriterien, mit denen die Eigenschaften, die Stärken und die Schwächen der Schnittstelle und dessen einzelne Vorgehensweisen aufgezeigt und untersucht werden. Hierbei können zwischen zwingenden und wünschenswerten Kriterien unterschieden werden. Im Folgenden werden einige zwingende Kriterien vorgestellt, die sich für den Prototyp ergeben.

Das erste Kriterium sollte sein, dass die Schnittstelle alle zwingenden von ihr verlangten Anforderungen erfüllt. Hierbei werden alle Anforderungen verstanden, die vom Aufnehmen der lokalen Ontologie bis hin zur endgültigen Visualisierung des Integrationsprozesses gelten. Dazu müssen alle Aktivitäten benannt und in einer Reihenfolge angeordnet werden. Anhand dieser Reihenfolge kann die Evaluation des Kriteriums der zwingenden Anforderungen durchgeführt und entsprechend untersucht werden.

Dieses Kriterium lässt das nächste Kriterium hervorrufen. Dieses sollte sein, dass die Vollständigkeit der Vorgehensweise bezüglich der einzelnen Aktivitäten des Informationsintegrationsprozesses gewährleistet ist. Hierbei beschreibt der Informationsintegrationsprozess alle Aktivitäten, die im Zusammenhang mit dem Zusammenführen von Ontologien durchgeführt werden müssen. Dazu müssen ebenso alle Aktivitäten benannt und in einer Reihenfolge angeordnet werden. Anhand dieser Reihenfolge kann die Evaluation für dieses Kriterium durchgeführt und entsprechend untersucht werden. Dieses Kriterium kann als Maß für den Umfang der Vorgehensweise interpretiert werden.

Als nächstes Kriterium der Schnittstelle sollte der eigentliche Integrationsprozess als Kriterium gelten. Denn dieser gilt als Hauptvoraussetzung, für das verschmelzen oder verbinden von Ontologien. Da dies zur Bestimmung der Leistungsfähigkeit der Schnittstelle gehört, kann bei der Evaluation neben dem wie umfassend der Integrationsprozess Ontologien aufeinander abbildet, ebenso ein Vergleich mit anderen ebenwürdigen Tools erfolgen. Ebenwürdige Tools wären jene, die gleiche Techniken zum Matchen benutzen. Dementsprechend sollte die Schnittstelle, falls sie stringbasierte Techniken in Kombination mit sprachbasierten Techniken verwendet, eben mit solch einem Tool verglichen werden, die diese Techniken ebenfalls verwendet. Anhand der erhaltenen Ergebnisse kann die Leistungsfähigkeit überprüft werden. Indem geprüft wird, welche von ihnen bessere Ergebnisse im Abbilden von Ontologien aufeinander liefern. Oder welche unter ihnen, welche und wie viele Informationen sie auslassen.

Ein weiteres Kriterium für die Schnittstelle stellt ihre Benutzerfreundlichkeit dar. Die es zu untersuchen gilt. Indem wieder ein Vergleich mit ebenwürdigen Tools erfolgt. Dabei kann die Visualisierung der lokalen Ontologie als ein Unterkriterium gelten. Wobei die Darstellungsformen der einzelnen Tools mit der Darstellung der Schnittstelle verglichen werden können.

Weitere Kriterien, die an dieser Stelle nicht ausführlicher betrachtet werden und nicht unbedingt alle sein müssen, sind:

- Das Speichern der Ontologien nach erfolgreicher Zusammenführung
- Die eigentliche Transformation des Datenmodells der Informationsquelle in eine Ontologie
- Das Vorhandensein der globalen Ontologie
- Das Vorhandensein der lokalen Ontologie
- etc.

Aus diesen tiefer eingehenden Überlegungen und resultierenden Kriterien, kann ein weiteres mögliches Szenario für die Evaluation der Schnittstelle beschrieben werden. Indem:

Da die Schnittstelle über zwei Möglichkeiten eines Hochladens verfügt wird in diesem Szenario angenommen, dass eine für den Test vorgefertigte Ontologie hochgeladen wird. Desweiteren wird vorausgesetzt, dass alle die oben beschriebenen Kriterien erfüllt sind. Der Anwender lädt die für die Evaluation entsprechend vorgefertigte Ontologie hoch und führt die Aktion des Ontology Mergings aus. Es werden Ähnlichkeitsberechnungen durchgeführt. Da das Zusammenführen als Kriterium für die Evaluation vorbestimmt worden ist, muss dieser Prozess erfolgreich sein. Zum Abschluss wird dem Anwender das Ergebnis graphisch präsentiert. Hierbei werden die Zeiten des Matchings aufgenommen und die Benchmarks aufgezeichnet.

Dieser Vorgang wird mit einem vergleichbaren Tool (dies können auch mehrere sein) und der gleichenTest-Ontologie wiederholt. Damit werden unterschiedliche Strukturen und Formatierungen der im Test eingesetzten Ontologien verhindert und so die Kontinuität des Test erhalten. Zudem muss um die Skalierung und auch die Qualität der jeweiligen Matching-Algorithmen in möglichst realitätsnahen Szenarien testen zu können, die Größe der Ontologie ausreichend gewählt werden. Nach erfolgtem Zusammenführen werden auch hier die Zeiten und Ergebnisse des Benchmark aufgezeichnet.

Als nächstes erfolgt die Manipulation der hochgeladenen Ontologie. Dazu werden die Instanzwerte verändert, indem Rechtschreibfehler eingefügt, Werte gelöscht oder gleiche Instanzen in unterschiedlichen Konzepten eingeordnet werden. Es erfolgt ein neuer Test mit der Schnittstelle und dem vergleichbaren Tool, aber mit der manipulierten Ontologie.

Dieser Evaluierungsprozess wird mehrmals wiederholt, bis aus den Ergebnissen Rückschlüsse gezogen werden können. Wobei die Evaluationsrate von dem Entwickler festgelegt werden kann. Es erfolgt ein Vergleich der beiden Ergebnisse (Benchmark, Identitäten der gefundenen und nicht gefundenen Informationen(Instanzen, Konzepte)) der jeweiligen Ontologien. Anhand der Ergebnisse können bspw. Rückschlüsse auf den Mehrwert des benutzen Matchingverfahrens gezogen werden.

7 Zusammenfassung und Ausblick

Das Ziel dieser Diplomarbeit war es, ein Konzept für eine ontologiebasierte Schnittstelle zu entwickeln, die den Zugriff auf Informationen aus einer Reihe bestehender Informationsquellen ermöglicht. Zu diesem Anlass beschäftigte sich die Arbeit mit den Themen rund um Ontologien, der ontologiebasierten Informationsintegration und gegebenen Möglichkeiten für die Realisierung des Konzepts. Hierzu war es erforderlich die Arbeit in einen Untersuchungs- und Konzeptionsbereich zu unterteilen.

Im Untersuchungsbereich wurden die Gründe, der in der Motivation beschriebenen Problematik des enormen Datenaufkommens behandelt. Lösungen für die Bewältigung dieses Problems fanden sich im Kontext des Semantic Web und dem Einsatz von Ontologien. Bevor eine umfassende Beschreibung zu Ontologien erfolgte, wurde eine Klärung und Abgrenzung der für diese Arbeit relevanten Begriffe Integration und Information vorgenommen. Ausgehend von der Frage, was Ontologie in der Informatik darstellen, wurde eine grundlegende Beschreibung zu Ontologien gegeben. Dies beinhaltet u.a. ihre Definition im Kontext der Informatik, die Beschreibung ihrer Bestandteile und ihre Klassifizierungen. Dem Folgend wurden Ontologiesprachen mit deren Hilfe Ontologien definiert werden beschrieben sowie Modellierungswerkzeuge und Methodologien, mit denen Ontologien modelliert und aufgebaut werden können vorgestellt.

Im Konzeptteil wurde zu Anfang für den Entwurf eine Analyse der Anforderungen, die sich an den zu implementierenden Prototypen richteten vorgestellt. Nach der Anforderungsanalyse wurde im konkreten auf die ontologiebasierte Informationsintegration eingegangen. Dazu war es nötig eine Analyse dieses Bereiches vorzunehmen. Indem u.a. Klassifikationen der möglichen Integrationskonflikte und Ansätze von Integrationsarchitekturen mit Ontologien eingegangen wurde. Aufbauend auf diesen Informationen wurde das Konzept entwickelt und vorgestellt. Dieses beinhaltet die drei Komponenten, die in Kapitel 5 vorgestellt worden sind.

Zum Abschluss wurde eine Möglichkeit für die Evaluation der Schnittstelle beschrieben. Indem zunächst die Bedeutung und mögliche Vorgehensweisen einer Evaluation erklärt wurden. Darauf aufbauend wurde ein mögliches Szenario für die Evaluation der Schnittstelle modelliert.

Ausblick

Die Untersuchungen und Betrachtungen dieser Arbeit lassen erkennen, dass die ontologiebasierte Informationsintegration ein großes Potential beinhaltet. Doch lässt sich diese mit den derzeitig vorhandenen Mitteln wie den Open-Source vorliegenden Tools oder Frameworks schwer umsetzen. Auch das Fehlen von einheitlichen Standards für das Ontologie

Matching, Merging und Mapping gestaltet die Integration von Ontologien zu einem komplexen Prozess. Der meist nur mit Expertenwissen realisiert werden kann. Um ein effizienteres Ergebnis zu erlangen, verlangt die Umsetzung des Konzepts der Schnittstelle, dass sie in mehrere Teile untergliedert wird.

Zunächst sollte der Einsatzbereich der Schnittstelle auf einen konkreten Anwendungsfall bspw. in einem Unternehmen, einer Organisation oder öffentlichen Einrichtungen wie die Universität eingeschränkt werden.

Für die Transformation einer existierenden Informationsquelle in eine Ontologie, muss ein Datenmodell konzipiert werden, mit dessen Hilfe dieses in eine Ontologie transformiert werden kann. Dafür muss nach bestehenden Algorithmen gesucht werden, die zur Bewältigung der Aufgabe dienlich sind. Dies erfordert eine umfangreiche Analyse dieses Bereiches und die Evaluation eines Algorithmus für die Transformation.

Um innerhalb der Schnittstelle die einzelnen Ontologien dazustellen, muss ein graphisches Tool implementiert werden. Dieses sollte mehrere Funktionalitäten wie bspw. die Korrektur der Ontologien und Matching-Ergebnisse anbieten.

Die Hauptaufgabe für eine effizientere Schnittstelle, liegt darin einen passenden Algorithmus zu finden, der innerhalb der Merging und Mapping Komponente verwendet werden kann. Um die jeweiligen Ontologien zusammenzuführen.

Auf diesen Erkenntnissen aufbauend ist ein Erforschen und umsetzen dieser Komponenten mit weiteren wissenschaftlichen Arbeiten durchaus möglich. Wobei dies im Rahmen einer Dissertation, sowie in Master- oder Bachlorarbeiten erfolgen kann.

8 Literaturverzeichnis

[AcLa03]   Achatz, M. / Langhammer T.: Einführung: Description Logics, Universität Passau, Lehrstuhl für Informationsmanagement, Power Point Präsentation, 2003

[AdBi09]   Adametz, H./ Billig, A.: Semantische Interoperabilität: Semantische Konflikte, White Paper, Band 2, 2009, URL: http://www.isst.fraunhofer.de/Images/White-Paper_Konflikte_Bd2_tcm81-52021.pdf, zuletzt aufgerufen 22.03.2011

[Albr93]   Albrecht, F.: Strategisches Management der Unternehmensressource Wissen: Inhaltliche Ansatzpunkte und Überlegungen zu einem konzeptionellen Gestaltungsrahmen, Frankfurt/Main, 1993

[AlCr03]   Alda S./ Cremers A. B.: Wahrnehmung und Verarbeitung von Ereignissen bei der verteilten Planung im baulichen Brandschutz, 2003, URL: http://e-pub.uni-weimar.de/volltexte/2004/282/pdf/M_97.pdf, zuletzt aufgerufen: 22.03.2011

[AIFB09]   AIFB: Ontologien und Beschreibungslogik, Power Point Präsentation, 2009, semantic-web-grundlagen.de/w/images/d/d9/IntroAI-V09.ppt, zuletzt aufgerufen: 22.03.2011

[AnNi06]   Angele, J./ Nierlich, A.: Semantic Business Integration – Speed up your Processes, 2006,URL: http://www.ontoprise.de:8080/content/e5/e69/e206/SemanticBusinessIntegration_ger.pdf, zuletzt aufgerufen: 22.03.2011

[Anus05]   Anusch, D. - A.: Entropiebasierte Bewertung von Ontologien, Universität Karlsruhe, Dissertation, 2005, URL: http://digbib.ubka.uni-karlsruhe.de/volltexte/1000003595, zuletzt aufgerufen: 22.03.2011

[ApBD04]   Apke, S./ Bremer, A./ Dittmann, L.: Konstruktion einer Kompetenz-Ontologie dargestellt am Beispiel der Deutschen Montan Technologie GmbH (DMT), Forschungsbericht, 2004, URL: http://www.pim.uni-due.de/fileadmin/Publikationen/publikationen_ApkeBremerDittmann04-PBKonstruktionDMT-Ontologie.pdf, zuletzt aufgerufen: 22.03.2011

[Baader et al. 2003]   Baader, F./ Calvanese, D./ McGuinness, D./ Nardi, D./ Patel-Schneider, P.F.: The Description Logic Handbook: Theory, Implementation and Applications, Cambridge University Press, 2003, ISBN 0-521-78176-0

[Bach00]   Bachmann, J.: Der Information-Broker: Informationen suchen, sichten, präsentieren, Addison-Wesley, 2000, ISBN 3827317037, 9783827317032

[Bach10]   Bachmann, A.: Methoden- und Werkzeugunterstützung für Ontologie-basierte Software-Entwicklung, Universität Marburg, Dissertation, 2010, URL: http://archiv.ub.uni-marburg.de/diss/z2010/0628/pdf/dab.pdf, zuletzt aufgerufen: 22.03.2011

[Baue07]   Nauer, B.: Konzepte und Techniken für das Semantic Web, Seminarband, WS07/08, Universität Augsburg, 2007, URL: http://www.informatik.uni-augsburg.de/lehrstuehle/swt/vs/lehre/archiv/WS_07_08/seminar_semantics/dokumente/Seminarband.pdf, zuletzt aufgerufen: 22.03.2011

[Beck97]   Beckermann, A.: Einführung in die Logik, Berlin- New York: de Gruyter Verlag, 1997

[BeHL01]   Berners-Lee, T./ Hendler, J./ Lassila, O.: The Semantic Web: a new form of Web content that is meaningful to computers will unleash a revolution of new possibilities. In: „Scientific American", H. 284, S. 34–43, URL: http://www-sop.inria.fr/acacia/cours/essi2006/Scientific%20American_%20Feature%20Article_%20The%20Semantic%20Web_%20May%202001.pdf, zuletzt geprüft am 21.09.2010

[Bend09]   Bendoukha, L.: Ein ontologisches Rahmenwerk für Kooperationsunterstützung bei evolutionärer und partizipativer Systementwicklung, Universität Hamburg, Dissertation, 2009, URL: http://www2.sub.uni-hamburg.de/opus/volltexte/2010/4937/pdf/DissertationLahouariaBendoukha.pdf, zuletzt aufgerufen: 22.03.2011

[Bert91]   Bertelsmann Universal Lexikon in 20 Bänden, Gütersloh: Bertelsmann Lexikon Verlag, 1991

[bgdp03]   bgdp: Informationsüberlastung durch E-Mails. In: „tag für tag", Ausgabe 4, 2003, S.18-21

[BlPe08]   Blumauer, A./ Pellegrini, T.: Social Semantic Web: Web 2.0 - Was nun?, Springer Verlag, 2008, ISBN 978-3-540-72215-1

[Bode05]   Bodendorf, F.: Daten- und Wissensmanagement, Springer Verlag, Ausgabe 2, 2005, ISBN 3540287434

[Boeh06] Böhm, M.: Untersuchung der Funktionalitäten der Business Process Execution Language (BPEL) zur Beschreibung komplexer Nachrichtentransformationen dargestellt am Beispiel von TransConnect, Diplomarbeit, 2006

[Borc08] Borchert, S.: Entwicklung einer Definition des Begriffs „Web 3.0" aus technologischer Sicht, Diplomarbeit, 2008

[Bos05] Bos, F.: Evaluation von Methoden und Methodologien zur Entwicklung von Ontologien und Entwurf einer Ontologie für den Lehrveranstaltungsbereich, Diplomarbeit, 2005

[BrBK08] Bralo, G./ Bösl, D./ Kämpfe, C.: Ontology Reasoning Differences Viewer, Ausarbeitung, 2008

[BrCT07] Breitman, K./ Casanova M. A./ Truszkowski, W.: Semantic Web: Concepts, Technologies and Applications, Berlin: Springer Verlag, Auflage 1, 2007, ISBN 978-1846285813

[Breid08] Breidbach, O.: Neue Wissensordnungen: Wie aus Informationen und Nachrichten kulturelles Wissen entsteht, Frankfurt am Main: Suhrkamp Verlag, 2008

[Brock97] Brockhaus - Die Enzyklopädie: in 24 Bänden, Band 6, 20., überarbeitete und aktualisierte Auflage, Leipzig [u.a.], 1997

[Broe05] Bröcker, L.: Wikis als Mittel zur Ontologieverfeinerung, Paper, In: „INFORMATIK 2005 Informatik LIVE! Band 2, Beiträge der 35 Jahrestagung der Gesellschaft für Informatik e.V. (GI), 19. bis 22. September 2005 in Bonn", Gesellschaft für Informatik, Bonn, 2005, S.119-123

[Bueh00] Bühl, A.: Die virtuelle Gesellschaft des 21. Jahrhunderts: sozialer Wandel im digitalen Zeitalter, Wiesbaden: VS Verlag für Sozialwissenschaften, Auflage 2, 2000, ISBN 3531231235

[Bull06] Bullinger, H. J.: Technologieführer: Grundlagen- Anwendungen- Trends, Berlin: Springer Verlag, 2006

[Bussler et al. 05] Bussler, C./ Moran, M./ Roman, D./ Stollberg M./ Zaremba, M.: D17v0.2 WSMO Tutorial: ICAC 2005, URL: http://www.wsmo.org/TR/d17/resources/200506-ICAC/icac-05_tutorial.ppt, zuletzt aufgerufen 22.03.2011

[BuWR06] Busse, J./ Weiten, M./ Rabus, D.: Im Wissensnetz: Bericht AP 2 zum Projektmonat

	12, 2006, URL: www.im-wissensnetz.de/Wissensnetz/.../E16%20Handbuch%20 final.pdf, zuletzt aufgerufen 22.03.2011
[BuWR07]	Busse, J./ Weiten, M./ Rabus, D.: Bericht aus AP 2 zum Projektmonat 12, Dezember 2006, 26.2.2007 zuletzt aufgerufen 22.03.2011
[Card07]	Cardoso, J.: The Semantic Web Vision: Where Are We?, In: „IEEE Intelligent Systems 22", Nr. 5, 2007, S. 84–88, URL: http://ieeexplore.ieee.org/stamp/stamp.jsp?tp=&arnumber=4338499&userType=inst, zuletzt aufgerufen 22.3.2011
[Chan09]	Chaney, P.: The digital handshake. Seven proven strategies to grow your business using social media, Hoboken: John Wiley & Sons, 2009, ISBN 978-0-470-49927-6
[Chaudhri et al. 98]	Chaudhri, V. K./ Farquhar, A./ Fikes, R./ Karp, P. D./ Rice, J. P.: OKBC: A Programmatic Foundation for Knowledge Base Interoperability, 1998, http://www.ksl.stanford.edu/KSL_Abstracts/KSL-98-08.html, zuletzt aufgerufen 22.3.2011
[CoFG03]	Corcho, O./ Fernández-López, M./ Gómez-Pérez, A.: Methodologies, tools and languages for building ontologies: Where is their meeting point?, In:Data Knowl. Eng. 46(1), 2003, S: 41-64, URL: http://www.ct.aegean.gr/people/vkavakli/MIS/ papers/Corcho_2003.pdf, zuletzt aufgerufen 22.3.2011
[CoGo00]	Corcho, O./ Gómez-Pérez, A.: Evaluating Knowledge Representation and Reasoning Capabilities of Ontology Specification Languages. In: "Benjamins, V. R./ Gómez-Pérez, A./ Guarino, N./ Uschold, M.: Workshop on Applications of Ontologies and Problem Solving Methods, 14th European Conference on Artificial Intelligence (ECAI '00)", Berlin, 2000, S. 3.1-3.9.
[CoSS99]	Conrad, S./ Saake, G./ Sattler, K. U.: Informationsfusion - Herausforderungen an die Datenbanktechnologie, Paper, 1999, URL: http://wwwiti.cs.uni-magdeburg.de/iti_db/publikationen/ps/99/ConSatSaa99.pdf, zuletzt aufgerufen: 22.03.2011
[DaSW06]	Davies, J./ Studer, R./ Warren, P.: Semantic Web technologies: trends and research in ontology-based Systems, John Wiley & Sons, Band 10, 2006, ISBN: 978-0-470-02596-3
[DeDW99]	Derboven, W./ Dick, M./ Wehner, T.: Erfahrungsorientierte Partizipation und Wis-

sensentwicklung. Die Anwendung von Zirkeln im Rahmen von Wissensmanagementkonzepten. In: „Harburger Beiträge zur Soziologie und Psychologie der Arbeit", 1999

[DeGE08] DeGEval: Gesellschaft für Evaluation e.v.- Standards für Evaluation, Mainz, 4. unveränderte Auflage, 2008, ISBN 3-00-009022-3, abrufbar unter: http://www.degeval.de/calimero/tools/proxy.php?id=19074, zuletzt aufgerufen 22.03.2011

[Demm10] Demmeler, H.: Informationsüberlastung im Social Web, Universität Augsburg, Magisterarbeit, 2010

[Ditt02] Dittmann, L.: Sprachen zur Repräsentation von Wissen - eine untersuchende Darstellung, Projektbericht, 2002, URL: http://www.pim.uni-due.de/fileadmin/Publikationen/Sprachen_zur_Wissensrepraesentation.pdf, zuletzt aufgerufen 22.03.2011

[Dix et al. 95] Dix, Alan; Finlay, Janet; Abowd, Gregory; Beale, Russell : Mensch, Maschine, Methodik. New York: Prentice Hal, 1995

[DJMZ05] Dostal, W./ Jeckle, M./ Melzer, I./ Zengler, B.: Service-orientierte Architekturen mit Web Services, Heidelberg: Spektrum Akademischer Verlag, 2005

[Dobr08] Dobratz, S.: Einführung in Semantic Web (Tutorial 2), Paper, 2008, URL: http://informationswissenschaften.fh-potsdam.de/fileadmin/FB5/lehrende_uploads/ buettner/dokumente/DC_Reader_Tutorial2.pdf, zuletzt aufgerufen 22.03.2011

[Doer05] Dörk, M.: Ontologiebasierte Informationsintegration, Otto-von-Guericke Universität Magdeburg, Seminar, 2005, URL: http://www.anarchitect.org/ontologien.pdf, zuletzt aufgerufen 22.03.2011

[DoJe04] Dostal, W./ Jeckle, M.: Semantik, Odem einer Serivce-orientierten Architektur. In: „JavaSpektrum 02", 2004, URL: http://www.sigs-datacom.de/fileadmin/user_upload/zeitschriften/os/2004/05/dostal_melzer_OS_05_04.pdf, zuletzt aufgerufen: 22.03.2011

[Draba03] Draba, K.: Anwendung von Ontologien, Paper,2003, URL: http://www.dbis.informatik.hu-berlin.de/dbisold/lehre/WS0203/SemWeb/artikel/11/ Draba_Anwendung-von-Ontologien-Text2.pdf, zuletzt aufgerufen: 22.03.2011

[Droe10] Dröge, E.: Leitfaden für das Verbinden von Ontologien. In: „Informationsspektrum",

	2010, S. 143-147, URL: http://www.phil-fak.uni-duessedorf.de/fileadmin/Redaktion/Institute/Informationswissenschaft/forschung/wissensrepraesentation/1268059439iwp_61_201.pdf, zuletzt aufgerufen: 22.3.2011
[Drosdoswki et al.90]	Drosdowski, G./ Müller, W./ Scholze-Stubenrecht, W./ Wermke, M.: Duden Fremdwörterbuch, Mannheim, Auflage 5, 1990
[Duep09]	Düpjohann, M.: Prototypische Implementierung eines semantischen Assistenten für eine kollaborative Lernplattform, Universität Paderborn, Diplomarbeit, 2009
[Eber03]	Eberle, Michael, A.: Barrieren und Anreizsysteme im Wissensmanagement und der Software-Wiederverwendung, Eine Publikation des Fraunhofer IESE,Studienarbeit, 2003,
[Ecke10]	Eckert, K.: Semantic Web, SKOS und Link Data, Präsentation in Leipziger Kongress für Information und Bibliothek, In: Workshop in Kooperation mit dem Kompetenzzentrum Interoperable Metadaten (KIM) Universitätsbibliothek Mannheim, 2010
[EhSu04]	Ehrig, M./ Sure, Y.: Ontology Mapping – An Integrated Approach, In: The Semantic Web: Research and Applications Lecture Notes in Computer Science, Volume 3053/2004, S.76-91, 2004, URL: http://citeseerx.ist.psu.edu/viewdoc/download?doi=10.1.1.59.6342&rep=rep1&type=pdf, zuletzt aufgerufen: 22.03.2011
[EhSu04a]	Ehrig, M./ Sure, Y.: FOAM – Framework for Ontology Alignment and Mapping Results of the Ontology Alignment Evaluation Initiative, Paper, 2005, URL: http://citeseer.ist.psu.edu/viewdoc/download;jsessionid=5F84206CC9F8348F221DA24145F6AC2C?doi=10.1.1.68.4290&rep=rep1&type=pdf, zuletzt aufgerufen: 22.03.2011
[Erdm01]	Erdmann, M.: Ontologien zur konzeptuellen Modellierung der Semantik von XML, Univesität Fridericiana zu Karlsruhe, Dissertation, 2001
[EuSh07]	Euzenat, J./ Shvaiko, P.: Ontology Matching, Springer-Verlag, Berlin Heidelberg, 2007, ISBN 3-540-49611-4
[FeBu02]	Fensel, D./ Bussler, C.: The Web Service Modeling Framework WSMF. In: "Electronic Commerce: Research and Applications", Ausgabe 1, 2002, S. 113-137, URL: http://www.wsmo.org/publinks.html, zuletzt aufgerufen: 22.03.2011
[FeGJ97]	Fernández, M./ Gómez-Pérez, A./ Juristo, N.: Methontology: From ontological art towards ontological engineering. In: "Proceedings of Workshop on Ontological En-

gineering", AAAI-97 Spring Symposium Series, Stanford, CA, 1997, S. 33–40

[Fens00] Fensel, D.: Ontologies: Silver Bullet for Knowledge Management and Electronic Commerce, Springer Berlin, 2000

[Fens04] Fensel, D.: Ontologies: A Silver Bullet for Knowledge Management and Electronic Commerce, Second Edition, Berlin, 2004.

[Fensel et al. 07] Fensel, D./ Lausen, H./ Polleres, A./ Bruijn, J./ Stollberg, M./ Roman, D./ Domingue, J.: Enabling Semantic Web Services- The Web Service Modeling Ontology, Springer Verlag Berlin Heidelberg, 2007, ISBN-13 978-3-540-34519-0

[Fisc05] Fischer, A.: Systematische Übersicht zu aktuellen kommerziellen Softwareprodukten für Datenintegration, Diplomarbeit, 2005

[Fisc05a] Fischer, Andrea:Entwicklung einer Evaluationsmethodik für Semantic Web Services und Anwendung auf die Diane Service Description, Universität, Karslruhe, Diplomarbeit, 2005

[FiBa03] Fileto, R./ Bazer M. C.: A survey of Information System Interoperability. Technical Report IC-03-030, Instituto de Computaceo, Universidade Estadual de Campinas, Paper, 2003

[Fors99] Forst, A.: Information und Wissen (Teil 1) – Die neuen betrieblichen Wissensmanagements durch die Gestaltung von Entgeltsystemen. In: „Personal", Nr. 5, Jahrgang 53, 2001, S. 250-254.

[FrGa02] Franken, R./ Gadatsch, A.: Integriertes Knowledge Management: Konzepte, Methoden, Instrumente und Fallbeispiele, Vieweg Verlag, 2002

[Frie03] Friedland, N. S./ Allen, P. G.: The Halo Pilot: Towards A Digital Aristotle, Seattle 2003,S.1-16,URL: http://www.projecthalo.com/content/docs/halopilot_vulcan_finalreport.pdf, zuletzt aufgerufen: 22.03.2011

[Fuch01] Fuchs, J.: Wissensmanagement – Perversitäten und Perspektiven eines Modeworts. In: „Personal", Nr. 5, Jg. 53 (2001), S. 240

[Gagn07] Gagnon, M.: Ontology-Based Integration of Data Sources. In: "Information Fusion", 2007 10th International Conference on, 2007, S. 1-8, URL: http://isif.org/fusion/proceedings/fusion07CD/Fusion07/pdfs/Fusion2007_1318.pdf, zuletzt aufgerufen: 22.03.2011

[GaHP08] Gaiser, B./ Hampel, Th./ Panke, St.: Good Tag,- Bad Tags Social Tagging in der Wissensorganisation, Münster: Waxmann Verlag, 2008, ISBN 978-3-8309-2039-7

[Glei08] Gleich, B.: Ontologie-Methodologien und Ontologie Design. In: „Seminarband: Konzepte und Techniken für das Semantic Web", 2008, siehe unter [Baue07]

[GoFC04] Gómez-Pérez, A./ Fernández-López, M./ Corcho, O.: Ontological Engineering, Springer Verlag, 2004

[Goh et al. 99] Goh, Ch. H./ Bressan, St./ Madnick, St./ Siegel, M.: Context Interchange: New Features and Formalisms for the Intelligent Integration of Information. In: "ACM Transactions on Information Systems", Volume 17, No. 3, 1999, S. 270-293

[Gört91] Görtz, G.: Wissensrepräsentation, 1991

[Greching et al. 10] Grechenig, T.; Bernhart, M.; Breiteneder, R.; Kappel , K.: Softwaretechnik: Mit Fallbeispielen aus realen Entwicklungsprojekten, Parsen Studium, 2010, ISBN 978-3-86894-007-7

[GrLe02] Gruninger, M./ Lee, J.: Ontology - applications and design, Comm. ACM 45(2), 2002, S. 39-41

[Guar98] Guarino, N.: Formal Ontology and Information Systems, Paper, 1998, URL: http://citeseerx.ist.psu.edu/viewdoc/download?doi=10.1.1.29.1776&rep=rep1&type=pdf, zuletzt aufgerufen 22.03.2011

[Grub93] Gruber, T. R.: A Translation Approach to Portable Ontology Specifications. In: Knowledge Acquisition, Volume 6, No. 2, 1993, S. 199–221

[Grue08] Grütter, R.: Semantic Web zur Unterstützung von Wissensgemeinschaften, Oldenbourg Verlag, 2008, ISBN 3486586262

[Guet02] Gütl, Ch.: Ansätze zur modernen Wissensauffindung im Internet- Eine Annäherung an das Information Gathering and Organizing System xFIND (Extended Framework for INformation Discovery), Dissertation, 2002, URL: http://www.iicm.tu-graz.ac.at/thesis/cguetl_diss/diss_cguetl.pdf, zuletzt aufgerufen 22.03.2011

[HaAH04] Axel, H./ Sven, A./ Liane, H.: Web Intelligence, Seminararbeit, 2004

[Haer02] Härder, Theo.: Themenheft: Datenintegration, In: Informatik - Forschung und Entwicklung", Volume 17, Number 3, September 2002

[Hald04] Halder, A.: Entwurf und Nutzung von Ontologien zur Produktteileverwaltung am Beispiel des Geschäftsfeldes PKW der Daimler Chrysler AG, Diplomarbeit, 2004

[Halg06] Halgurt, M. A.: Autonome Suche nach semantisch beschriebenen Web Services basierend auf OWLS, Technische Universität München, Diplomarbeit, 2006

[HaHS05] Haubrich, K.; Holthusen, B.; Struhkamp, G.: Evaluation – einige Sortierungen zu einem schillernden Begriff, DJI Bulletin 72 PLUS, 2005, abrufbar unter: http://www.dji.de/evaluation/Evaluation_Begriff.pdf, zuletzt aufgerufen 22.3.2001

[HaNi02] Hartmann, W./ Nievergelt, J.: Informatik und Bildung zwischen Wandel und Beständigkeit. In: „Informatik Spektrum", Springer Verlag, Band 25, Heft 6, 2002

[HaNS00] Hartmann, W./ Näf, M./ Schäuble, P.: Informationsbeschaffung im Internet. Grundlegende Konzepte verstehen und umsetzen, Zürich: Orell Füssli Verlag, 2000, ISBN 3-280-02793-4

[Hart08] Hartmann, St.: Überwindung semantischer Heterogenität bei multiplen Data-Warehouse-Systemen, Dissertation, 2008, ISBN: 978-3-923507-41-2

[HaSm03] Hagengruber, R./ Smith, B.: "Die Ontologie als Grundlagenwissenschaft der Informatik? Barry Smith im Interview mit Ruth Hagengruber", In:Information Philosophie, Volume 8, 2003, S.132-137, URL: http://kw.uni-padeborn.de/fileadmin/kw/institute/Philosophie/Personal/Hagengruber/Publikationen Dateien/45-60/Smith_Interview.pdf, zuletzt aufgerufen: 22.03.2011

[Haun00] Haun, M.: Wissensbasierte Systeme, Expert Verlag Renningen, 2000, ISBN 3-8169-1677-5

[Haus01] Hausenblas M.: Semantische Darstellung von Rechtsnormen am Beispiel Fachhochschulstudiengesetz, Seminararbeit, 2001

[Henk09] Henkel, M.: Semantic: Haben Google & Co. bald ausgedient. In: "Wissensmanagement", Heft 06, Paper, 2009

[Hens00] Hensel, D.: Relating Ontology Languages and Web Standards. In: „Ebert, J./ Frank, U. (Hrsg.): Modelle und Modellierungssprachen in Informatik und Wirtschaftsinformatik. Proc. "Modellierung 2000", Koblenz: Fölbach-Verlag, 2000, S. 111-128

[Hepp08] Hepp, M.: Ontologies: State of the art, business potential, and grand challenges. In:

"Hepp, M./ Leenheer, Peter, D./ de Moor, A./ Sure, Y.: Ontology Management, Semantic Web, Semantic Web Services, and Business Applications. Heidelberg: Springer-Verlag, 2008, ISBN 978-0-387-69899-1

[HeRo98] Heinrich, L./ Roithmayr, F.: Wirtschaftinformatik-Lexikon, Oldenburger Wissenschaftsverlag GmbH, München,1998, ISBN 3-486-25943-1

[HeSK05] Gunter, S./ Andreas, H. K.- U.: Datenbanken: Implementierungstechniken Sattler, Bonn: MIT-Verlag, Auflage 2, 2005

[Hess02] Hesse W.: Ontologie(n), In: Informatik Spektrum, Band 25.6, 2002

[Hitzler et al 07] Hitzler, P./ Krötzsch, M./ Rudolph, S./ Sure, Y.: Semantic Web: Grundlagen, Springer Verlag, 2007, ISBN 978-3-540-33993-9

[Hoff02] Hoffmann, R.: Entwicklung einer benutzerunterstützten automatisierten Klassifikation von Web – Dokumenten, Diplomarbeit, 2002, URL: http://www.iicm.tugraz.at/www/ teaching/theses/2002/_idb6a_/rhoff, zuletzt aufgerufen: 22.03.2011

[Holz01] Holzinger, Andreas: Beurteilungskriterien für Lernsoftware, IMI, Uni Graz, Paper, 2001, abrufbar unter http://user.medunigraz.at/andreas.holzinger/holzinger%20de/papers%20de/Beurteilung_Lernsoftware.pdf zuletzt aufgerufen 22.3.2011

[HoMW08] Hornig, F./ Müller, M. U./ Weingarten, S.: Die Daten-Sucht. In: „Der Spiegel", Ausgabe 33, 2008, URL: http://www.spiegel.de/spiegel/print/d-58852978.html, zuletzt aufgerufen: 22.03.2011

[Horr03] Horrocks, I./ Patel-Schneider, P. F./ van Harmelen, F.: From SHIQ and RDF to OWL: the making of a Web Ontology Language. In: "Journal of Web Semantics: Science, Services and Agents on the World Wide Web", 2003, S. 7-26 URL: http://ect.bell-labs.com/who/pfps/publications/to-owl.pdf, zuletzt aufgerufen: 22.03.2011

[Hovy97] Hovy E.: What would i Mean to Measure an Ontologgy? Internal Paper, ISI Marina del Rey, 1997

[IDC10] IDC: The Diverse and Exploding Digital Universe. URL: http://www.emc.com/collateral/analyst-reports/diverse-exploding-digital-universe.pdf, zuletzt aufgerufen 22.03.2011

[Jaec09]   Jäckel, N.: Semantische Integration von Produktinformationen über Ontologie-Mapping-Mechanismen, Technische Universität Dresden, Diplomarbeit, 2009

[JaLi09]   Jaeger, P./ Linck, U.: Wissensmanagement heute – zwischen semantischen Suchtechnologien und Schwarmintelligenz, Projektarbeit, 2009

[Jans08]   Jansen, L.: Biomedizinische Ontologie: Wissen strukturieren für den Informatik-Einsatz, Vdf Hochschulverlag, ISBN 978-3-7281-3183-6, 2008

[Jäni03]   Jänig, C.: Die Antwort auf die Herausforderungen der Globalisierung, Springer Verlag, 2003

[Jerr07]   Jerroudi, Z. E.: Eine interaktive Vorgehensweise für den Vergleich und die Integration von Ontologien, Lohmar – Köln: Josef EUL Verlag, 2010, ISBN 978-3-89936-916-8

[Jerroudi et a. 08]   Jerroudi, Z. E./ Weinbrenner, S./ Mainz, D./ Weller, K.: ONTOVERSE: Kollaborative Ontologieentwicklung mit interaktiver visueller Unterstützung, In: „Herczeg, M./ Kindsmüller, M. Ch.: Mensch & Computer 2008: Viel Mehr Interaktion, Interdisziplinäre Fachtagung, 7.- 10. September 2008, Lübeck: Oldenbourg Verlag 2008, S. 87-96

[JeZi07]   Jerroudi, Z. E./ Ziegler, J.: Interaktives Vergleichen und Zusammenführungen von Ontologien Interactive Ontology-Mapping and Merging. In: „i-com", Oldenbourg: Wissenschaftsverlag, Volume 06, 2007, S.44-49, URL: http://www.interactivesystems.info/assets/files/Publikationen/id/14862.pdf zuletzt aufgerufen 22.03.2011

[JeZi08]   Jerroudi, Z. E./ Ziegler, J.: Interaktive visuelle Analyse für die Zusammenführung von Ontologien, Paper, 2008, URL: http://www.interactivesystems.info/assets/files/Publikationen/id/19843.pdf, zuletzt aufgerufen 22.03.2011

[JoBV98]   Jones, D.M./ Bench-Capon, T.J.M./ Visser, P.R.S: Methodologiesfor Ontology Development. In: "Proc. IT & KNOWS Conference, XV IFIP World Computer Congress", Budapest, 1998

[Kell98]   Keller, Ch.: Der Begriff „Globale Informationsgesellschaft": Wissenschaftliche Theorie – Politisches Programm –Globalisierte Geschäftssphäre, Dissertation, 1998

[KlSc03]   Klar, R. / Schulz, S. : Die Stecknadel im Heuhaufen Suchen und Finden von Gesundheitsinformationen im Internet. In: „Bundesgesundheitsblatt- Gesundheitsforsch – Gesundheitsschutz", Paper, Volume 46, Number 4, 2003

[KiWu95]   Kifer, M./ Lausen, G./ Wu, J.: Logical Foundations of Object-Oriented and Frame-Based Languages. Journal of the ACM, Volume 42, Nr. 4, 1995, S. 741-843

[Klei01]   Klein, M.: Combining and relating ontologies: an analysis of problems and solutions, Paper, Vrije Universiteit Amsterdam, 2001

[Klettke et al. 01]   Klettke, M./ Bietz, M./ Bruder,I./ Heuer, A./ Priebe, D./ Neumann, G./ Becker, M./ Bedersdorfer, J./ Uszkoreit, H./ Maedche, A./ Staab, S./ Studer, R.: GETESS - Ontologien, Objektrelationale Datenbanken und Textanalyse als Bausteine einer Semantischen Suchmaschine, In: „"Datenbank-Spektrum", 2001, S.14-24

[Klin09]   Klingberg, T.: The Overflowing Brain. Information Overload and the Limits of Working Memory, New York: Oxford University Press, Paper, 2009

[KoHa07]   Kollmann, T./ Häsel, M.: Web 2.0: Trends und Technologien im Kontext der net Economy, Deutscher-Universitätsverlag, 2007

[Kosc07]   Koschmider A.: Ähnlichkeitsbasierte Modellierungsunterstützung für Geschäftsprozesse, Dissertation, 2007

[Kost06]   Kost, M.: Generieren von interoperablen Ontologien mithilfe von Ontologiemodellen Transformation von Produktinformationen, Humboldt Universität Berlin, 2006

[Kowa05]   Kowatsch, T.: Herausforderungen und Lösungsansätze im Rahmen einer bereichsspezifischen Ontologie-Entwicklung mit Hilfe der Sprachkonstrukte der Web Ontology Language am Beispiel des Web-Portals der Fakultät Digitale Medien, Diplomarbeit, 2005

[Krcm10]   Krcmar, H.: Informationsmanagement, Heidelberg: Springer Verlag, 2010

[Kröt07]   Krötzsch, M.; Frame-Logik (F-Logic), Power Point Präsentation, 2007, URL: http://www.aifb.uni-karlsruhe.de/Lehre/Sommer2007/ISWWW/Folien/7-F-Logik-2up.pdf, zuletzt aufgerufen 22.03.2011

[Kunz05]   Kunz, D.: Ein integrierter Ansatz zur wissensbasierten Informationsrecherche, Dissertation, Heimsheim: Jost-Jetter-Verlag, 2005

[Lang09]   Lange, J: Datenflut - Fluch oder Segen?: Wie Sie mit Enterprise Search einfach und sicher Informationen finden. Ein strategisches Werkzeug für Unternehmen, Frankfurter Allgemeine Buch, Auflage 1, 2009, ISBN: 3899811968

[LaMc01]   Lassila, O./ McGuinness, D.: The Role of Frame-Based Representation on the Semantic Web, Technical Report KSL-01-02, Knowledge Systems Laboratory, California: Stanford University, USA, 2001

[LeNa07]   Leser, U./ Naumann, F.: Informationsintegration: Architekturen und Methoden zur Integration verteilter und heterogener Datenquellen, dpunkt.verlag, 2007, ISBN 978-3-89864-400-6

[Lewa06]   Lewandowski, D.: Suchmaschinen als Konkurrenten der Bibliothekskataloge. Wie Bibliotheken ihre Angebote durch Suchmaschinentechnologie attraktiver und durch Öffnung für die allgemeinen Suchmaschinen populärer machen können. In: „Zeitschrift für Bibliothekswesen und Bibliographie", Band 53, 2006, S. 71-78

[Lewa09]   Lewandowski, D.: Handbuch Internet-Suchmaschinen, Akademische Verlagsgesellschaft AKA GmbH, Auflage 1, 2009, ISBN 978-3-89838-607-4

[Lohs03]   Lohse, A.: Integration unterschiedlich strukturierter Daten, Dissertation, Verlag: Eul J, 2003, ISBN 978-3-89936-135-3

[Lope99]   López, Fernández M.: Overview Of Methodologies For Building Ontologies, Paper, 1999, URL: http://www.lsi.upc.es/~bejar/aia/aia-web/4-fernandez.pdf, zuletzt aufgerufen: 22.03.2011

[LuTr05]   Lucko, S./ Trauner, B.: Wissensmanagement: 7 Bausteine für die Umsetzung in der Praxis, Hanser Verlag, 2005

[LyVa00]   Lyman, P./ Varian, H. R.: How Much Information, Study on the University of California, URL: http://www2.sims.berkeley.edu/research/projects/how-much-info-2003/, zuletzt aufgerufen: 22.03.2011

[MaBZ07]   Machill, M./ Beiler, M./ Zenker, M.: Suchmaschinenforschung. Überblick und Systematisierung eines interdisziplinären Forschungsfeldes, In: „Die Macht der Suchmaschinen –The Power of Search Engines", Herbert von Halem Verlag, 2007, ISBN 978-3-938258-33-0

[Maed00]   Maedche, A.: Tutorial: Development and Applications of Ontologies, Vortrag auf

Konferenz / Veranstaltung: FGML 2000, Bonn, 2000

[Maedche et al. 01]	Maedche, A./ Staab, St./ Studer, R.: Ontologien, In; Wirtschaftsinformatik, WI-Schlagwort, 4, 2001, S. 393-396
[Mamm06]	Mammen, J.: Methoden zur ontologiebasierten Integration am Beispiel von Data Warehouse – und Wissensmanagementsystemen, Diplomarbeit, 2006
[MaMo03]	Maedche, A./ Motik, B.: Repräsentations- und Anfragesprachen für Ontologien – eine Übersicht, In; Datenspektrum, Paper, 2003, S.43-53
[Mang07]	Mangold, Ch.: Konzepte und Realisierung einer kontextbasierten Intranet Suchmaschine, Dissertation, Universität Stuttgart, 2007
[Mang07b]	Mangold, Ch.: A survey and classification of semantic search approaches. In: "Int. J. Metadata, Semantics and Ontology", Volume 2, No. 1, 2007
[Maro03]	Maron, M.: OIL, Universität Koblenz-Landau, Seminararbeit, 2003, URL: http://www.uni-koblenz.de/~maruhn/publications/OIL.pdf, zuletzt aufgerufen: 22.03.2011
[Matt03]	Mattern, F.: Vom Verschwinden des Computers – Die Vision des Ubiquitous Computing. In: " Mattern, Friedmann: Total Vernetzt", (Hrsg.), Springer-Verlag, Berlin Heidelberg, 2003, S. 1-41
[Mayr07]	Mayr, P.: Thesauri, Klassifikationen & Co – die Renaissance der kontrollierten Vokabulare?, Paper, 2007, URL: http://edoc.hu-berlin.de/miscellanies/vom-27533/151/PDF/151.pdf, zuletzt aufgerufen 22.03.2011
[McGu03]	McGuinness, D. L.: Ontologies Come of Age. In: "Fensel, D./ Hendler, J./ Lieberman, H./ Wahlster, W.: The Semantic Web: Why, What, and How, Kap. 6, S. 171-194, ISBN: 0-262-06232-1, 2003
[McGuinness et al. 00]	McGuinness, D. L./ Fikes, R./ Rice, J./ Wilder, S.: An environment for merging and testing large ontologies. In: "Cohn, A. G./ Giunchiglia, F./ Selman, B.: KR2000: Principles of Knowledge Representation and Reasoning, S. 483–493, San Francisco: Morgan Kaufmann, 2000
[Meix04]	Meixner, U.: Einführung in die Ontologie, Wissenschaftliche Buchgesellschaft, 2004. ISBN 3-534-15458-4
[Miles et al.	Miles, A./ Matthews, B./ Breckett, D./ Brickley, D. / Wilson, M./ Rogers, N.: SKOS:

05]	A language to describe simple knowledge structures for the web, Paper, 2005, abrufbar unter: http://ids.snu.ac.kr/w/images/f/f1/SC18.pdf, zuletzt aufgerufen 22.1.2011
[MiNV02]	Missikoff M./ Navigli, R./ Velardi, P.: The Usable Ontology: An Environment for Building and Assessing a Domain Ontology, In: "The semantic Web-ISWC 2002: First International Semantic Web Conference", Band 1, 2002
[MSSS00]	Mädche, A./ Schnurr, H. P./ Staab S./ Studer R.: Representation Language-Neutral Modeling of Ontologies, Paper, 2000, URL: http://www.aifb.uni-karlsruhe.de/WBS/Publ/2000/modellierung_amaetal_2000.pdf, zuletzt aufgerufen 22.03.2011
[MSSS01]	Mädche A./ Schnurr H. P./ Staab S./ Studer R.: Ontologien, In: "Wirtschaftsinformatik" 43(4), 2001, S. 393-396, abrufbar unter: http://www.uni-koblenz.de/~staab/Research/Publications/stichwort.pdf, zuletzt aufgerufen 22.03.2011
[Mits09]	Mitschick, A.: Ontologiebasierte Indexierung und Kontextualisierung multimedialer Dokumente für das persönliche Wissensmanagement, Dissertation, 2009
[Nadi99]	Nadin, Mihai: Jenseits der Schriftkultur: das Zeitalter des Augenblicks, Dresden: University Press, 1999
[Nagy09]	Nagy, H.: Wissensmanagement und Semantik Web, Diplomarbeit, 2009, URL: http://semanticweb.myxwiki.org/xwiki/bin/view/Da/WebHome, zuletzt aufgerufen: 22.03.2011
[NHRW06]	Neumann, D./ Hestermann, U./ Rongen, L./ Weinbrenner, U./ Frick, O./ Knöll, K.: Baukonstruktionslehre, Springer Verlag, 2006
[Nigg00]	Endres-Niggemeyer, B.: Bessere Information durch Zusammenfassen aus dem WWW, In: Auf dem Weg zur Informationskultur. Wa(h)re Information? Festschrift für Norbert Henrichs zum 65. Geburtstag, Paper, 2000, S.153-172 abrufbar unter http://docserv.uni-duesseldorf.de/servlets/DerivateServlet/Derivate-81/Schriften_der_ULB_32.pdf, zuletzt aufgerufen 22.1.2011
[NoHa97]	Noy, N. F./ Hafner, C. D.: The State of the Art in Ontology Design: A Survey and Comparative Review. In: "AI Magazine", Volume 18, Nr. 3, 1997, S. 53-74
[NoKl07]	Noy, N./ Klein M.: Ontology Evolution: Not the Same as Schema Evolution, 2007, URL: http://www.cs.vu.nl/~mcaklein/papers/NoyKlein.pdf

[NoMc01]   Noy, N. F./ McGuinness D. L.: Ontology Development 101: A Guide to Creating Your First Ontology, 2001, URL: http://www.ksl.stanford.edu/people/dlm/papers/ontology-tutorial-noymcguinness.pdf, zuletzt aufgerufen: 22.03.2011

[Obrs03]   Obrst, L.: Ontologies for Semantically Interoparable Systems, In: Proceedings of ACM International Conference on Information and Knowledge Management, New Orleans, Luisiana, USA, 2003, S. 366-369

[OtSo85]   Otto, P./ Sonntag, P..: Wege in die Informationsgesellschaft. Steuerungsprobleme in Wirtschaft und Politik. Deutscher Taschenbuch Verlag, 1985

[Otto08]   Otto, M.: Ontologien zur semantischen Suche in einem Bestand von Dokumenten, Diplomarbeit, 2008

[Paul08]   Paulheim, H.: Skalierbarkeit von Ontology-Matching-Verfahren, Masterarbeit, Technische Universität Darmstadt, 2008

[PeBl07]   Pellegrini, T./ Blumauer, A.: Semantic Web, Springer Verlag, 2007, ISBN 978-3-540-7221-5

[Pees08]   Pees, G.: Wikis im semantisch basierten Informationsmanagement, Paper, 2008, URL: http://www.schneider-system-gmbh.de/material/2008-07-11-00_SSG_Wikis_Semantik-V1.0.pdf, zuletzt aufgerufen 20.2.2011

[Petr90]   Petri, C.: Externe Integration der Datenverarbeitung, Berlin, 1990

[Pfuh03]   Pfuhl, M.: Case-Based Reasoning auf der Grundlage Relationaler Datenbanken: eine Anwendung zur strukturierten Suche in Wirtschaftsnachrichten, Dissertation, Universität Marburg, 2003

[Phill08]   Phillipp, W.: Entwicklung eines kollaborativen Ontologieeditors auf Basis des semantischen Wikis Ylvi, Universität Wien, Masterarbeit, 2008

[PiRe91]   Picot, A./ Reichwald, R.: Informationswirtschaft, In: „Heinen, E.: Industriebetriebslehre- Entscheidungen im Industriebetrieb", Wiesbaden, Auflage 9, 1991, S.241-393

[PrRR97]   Probst, G. J. B./ Raub, St./ Romhardt, K.: Wissen managen – Wie Unternehmen ihre wertvollste Ressource optimal nutzen, Frankfurt am Main: FAZ, 1997

[Ratz03]   Ratzek, W.: Suum Cuique – Jedem das Seine! Oder: Was wollen wir wissen? In: „Hennings, R.- D./ Grudowski, St./ Ratzek, W.: (Über -)Leben in der Informations-

	gesellschaft. Zwischen Informationsüberfluss und Wissensarmut. Festschrift für Prof. Dr. Gernot Wersig zum 60. Geburtstag, Frankfurt am Main: Deutsche Gesellschaft für Informationswissenschaft und Informationspraxis, 2003, S.33-64
[Rauc03]	Rauch, W.: Neue Informations--Horizonte?, In: "Hennings,R.- D./ Grudowski, St./ Ratzek, W.: (Über-)Leben in der Informationsgesellschaft. Zwischen Informationsüberfluss und Wissensarmut. Festschrift für Prof. Dr. Gernot Wersig zum 60. Geburtstag, Frankfurt am Main: Deutsche Gesellschaft für Informationswissenschaft und Informationspraxis, 2003, S. 7-14
[Raus06]	Rausch, T.: Service Orientierte Architektur - Übersicht und Einordnung, Paper, 2006
[Rech00]	Rechenberg, P: Was ist Informatik? Eine allgemeinverständliche Einführung, Hanser Verlag, 2000, ISBN 3-446-21319-8
[Rehf03]	Rehfuss, W. D.: Handwörterbuch Philosophie, Vandenhoeck & Ruprecht, 2003, ISBN 3-525-03323-0
[Ried05]	Rieder, B.: Networked Control: Search Engines and the Symmetry of Confidence. In: "International Review of Information Ethics", Paper, 2005, S. 3-17
[Riem03]	Riempp, G.: Integrierte Wissensmanagement-Systeme, Architektur und praktische Anwendung, Springer Verlag, 2003
[Romero et al.09]	Romero, M. M./ Naya, J. M. V./ Loureiro, J. P./ Ezquerra, N.: Ontology Alignment Techniques, Paper, 2009, URL: http://sabia.tic.udc.es/articulos/2009/180.pdf, zuletzt aufgerufen 22.3.2011
[Sale03]	Sattler, K.-U./ Leymann, F.: Schwerpunktthema: Information Integration & Semantic Web. In: „Datenbank-Spektrum", 6/2003, 2003
[Scha04]	Schädler, M.: Standardisierung von Web Services- Integration semantischer und sicherheitsbezogener Aspekte, Masterarbeit, 2004
[ScHe06]	Schumann, M./ Hess, T.: Grundfragen Der Medienwirtschaft: Eine Betriebswirtschaftliche Einführung, Berlin Heidelberg: Springer Verlag, 2006
[Schi07]	Schibrowski, E.: Web 3.0: das Ende von Google, Paper, 2007, URL:: http://www.inf.unikonstanz.de/dbis/teaching/ws0708/web/essays/paper_schibrowski.pdf, zuletzt aufgerufen 22.03.2011

[Schm08]   Schmidt, A.: Ontologien für die Informationsintegration und das Semantic Web, Power Point Präsentation, Uni Karlsruhe, 2008

[Schm09]   Schmidt, J.: Einführung Ontologiemanagement, Universität Leipzig, Seminararbeit, 2009, URL: http://dbs.uni-leipzig.de/file/SeminarOntologieTwoSide.pdf, zuletzt aufgerufen 22.03.2011

[Schn00]   Schneider, U.; Lebeda, C.: Baulicher Brandschutz, Stuttgart, Berlin, Köln: Kohlhammer, Brand- und Explosionsschutz, Band 4, 2000, ISBN-3-17-015266-1

[Schn05]   Schnurr, H.-P.: Practical Aspects of Semantic Web Technologies, Paper. In: "Otto, K./ Ferstl, E. J./ Sinz, S./ Eckert,T.: Wirtschaftsinformatik 2005. Economy, Egovernment, Esociety", Isselhorst, 2005

[Schn06]   Schneider, R.: Eine Ontologie für die Grammatik – Modellierung und Einsatzgebiete domänenspezifischer Wissensstrukturen, Paper, 2006, URL: www.ids-mannheim.de/gra/texte/schneider_konvens06-proc.pdf, zuletzt aufgerufen 22.03.2011

[Scho08]   Einführung: Ontologien in den Biowissenschaften, 12.2008, URL: http://www.bioinf.mdc-berlin.de/~schober/bio-ontologien.htm, zuletzt aufgerufen 22.03.2009

[Schro05] Schropp, D.: Semantic Web: Ontologien: Einführung und Überblick, Proseminar WS 04/05, 2005

[ScMu10]   Schlüter, T./ Münz, M.: 30 Minuten Twitter, Facebook, Xing & Co, GABAL Verlag GmbH Offenbach, 2010, ISBN 978-3-86936-077-5

[ScSB07]   Schröder, A./ Schowe-von der B. Bernhard/ Schnettler, A.: Intelligente sich selbst beschreibende dezentrale Erzeuger, Paper, 2007, URL: http://www.s-ten.eu/dokumente/ETGBeitrag_SchroederAndrea.pdf

[Seif70]   Seiffert, H.: Information über Die Information: Verständigung im Alltag – Nachrichtentechnik. Wissenschaftliches Verstehen – Informationssoziologie. Das Wissen der Gelehrten, München: C.H. Beck, 1970

[SeTo05]   Seedorf St./ Tomczyk, P.: Ein angepasstes Vorgehensmodell zur Entwicklung von Domänenontologien in der semantikbasierten Softwareentwicklung, 2005

[ShEu05]   Shvaiko, P./ Euzenat, J.: A Survey of Schema-based Matching Approaches, Paper,

2005, URL: http://disi.unitn.it/~pavel/Publications/SurveyShvaikoEuzenat.pdf, zuletzt aufgerufen 22.02.2011

[SiBE10] Simon, N./ Bernhardt, N.: Twitter: Mit 140 Zeichen zum Web 2.0, Gabal Verlag, 2010, ISBN: 3937514988

[SiLa07] Sieber, T./ Lautenbacher, F.: Enterprise Content Integration: Documentation, Implementation and Syndication using Intelligent Metadata (ECIDISI), 2007, URL: http://www.informatik.uniaugsburg.de/lehrstuehle/swt/vs/publikationen/reports/2007-17/, zuletzt aufgerufen 22.03.2011

[Simu08] Simunic, N.: Vorlesung: Wissensrepräsentation (Computerlinguistik), Campus DU, 10. Sitzung, 2008

[Simo71] Simon, H.: Designing organizations for an information-rich world. In: "Greenberger, M.: Computers, Communication, and the Public Interest", Baltimore: Johns Hopkins Press, 1971, S. 37-52

[Sist08] Sistig, H.: Chance und Auswirkungen des semantischen Webs, Diplomarbeit, 2008, URL: http://semantisches-web.net, zuletzt aufgerufen 2003

[Smit00] Smith, B.: Gegenstände und ihre Umwelten: Von Aristoteles zur ökologischen Ontologie. In: Einheit und Vielheit. Organologische Denkmodelle in der Moderne, Passagen-Verlag, 2000, S. 3564, ISBN 3-85165-410-2 URL: http://ontology.buffalo.edu/smith/articles/Umwelten.pdf, zuletzt aufgerufen 22.03.2011

[Sowa84] JF Sowa Conceptual Structures: Information Processing in Mind and Machine, Addison-Wesley, 1984

[Spec07] Speck, H.: Suchmaschinen als Grashüter. In: „Eberspächer, J./ Holtel, Stefan: Suchen und Finden im Internet. Springer", December 11, 2006, pp. 233, 2007, ISBN: 978-3-540-38223-2

[StAD99] Studer, R./ Abecker, A./ Decker, S.: Informatik-Methoden für das Wissensmanagement, Paper, 1999, URL: http://www.dfki.uni-kl.de/~aabecker/Postscript/SAD99.PDF, zuletzt aufgerufen: 22.03.2011

[StBF98] Studer, R./ Benjamins, R./ Fensel, D.: Knowledge Engineering: Principles and Methods. In: „Data Knowledge Engineering 25", Nr. 1-2, 1998, S. 161–197

[Steff01] Steffen, Th.: Modellierungsmethode zur Integration zwischenbetrieblicher Informationsflüsse, Dissertation, 2001

[StNe99] Steimann, F./ Nejdl W.: Modellierung und Ontologie, Paper, Universität Hannover, Institut für Rechnergestützte Wissensverarbeitung, 1999, URL: http://www.kbs.uni-hannover.de/Arbeiten/Publikationen/1999/M%26O.pdf, zuletzt aufgerufen, 22.03.2011

[StOS01] Studer, R./ Oppermann, H./ Schnurr, H.: Die Bedeutung von Ontologien für das Wissensmanagement, Karlsruhe, 2001

[Stric08] Strickmann, J.: Analysemethoden zur Bewertung von Entwicklungsprojekten. Ein integriertes semantisches Modell von Projekt- und Produktdaten zur Bewertung der Entwicklungsleistung im Projektcontolling, GITO-Verlag, 2008, ISBN 9783940019561

[Stuc09] Stuckenschmidt, H.: Ontologien- Konzepte, Technologien und Anwendungen, Berlin Heidelberg: Springer Verlag, 2009, ISBN 978-3-540-79330-4

[Stud01] Studer, R., et al.: Arbeitsgerechte Bereitstellung von Wissen: Ontologien für das Wissensmanagement, 2001

[Stud04] Wagenknecht, A.: Fachliche Strukturierung von Rechtsnormen im Brandschutz unter Nutzung semantischer Technologien, Studienarbeit, 25. Oktober 2004

[Studer et al. 02] Studer, R./ Decker, S./ Fensel, D./ Staab, S.: Situation and Perspective of Knowledge Engineering, Paper, 2002, abrufbar unter: http://www-db.stanford.edu/~stefan/paper/2000/ios_2000.pdf, zuletzt abgerufen: 22.03.2011

[SuES06] Sure, Y./ Ehrig, M./ Studer, R.: Automatische Wissensintegration mit Ontologien, Paper, 2006, abrufbar unter: http://knut.hinkelmann.ch/modwm2006/docs/modwm06_Sure_mapping.pdf, zuletzt abgerufen: 22.03.2011

[Sure03] Sure, Y.: Methodology, Tools and Case Studies for Ontology based Knowledge Management. PhD Thesis, Institute AIFB, University of Karlsruhe, 2003

[ThFe09] Thomas, O./ Fellmann, M.: Semantische Prozessmodellierung – Konzeption und informationstechnische Unterstützung einer ontologiebasierten Repräsentation von Geschäftsprozessen, In: Wirtschaftsinformatik, Ausgabe 6, 2009

[ToMZ08] Toplak, J. M./ Matzat, T./ Zentsch, D.: Einführung in Semantic Web (Tutorial 2),

2008, URL: http://informationswissenschaften.fh-potdam.de/fileadmin/FB5/lehrende_uploads/buettner/dokumente/DC_Reader_Tutorial2.pdf, zuletzt abgerufen: 22.03.2011

[Trku05] Trkulja, V.: Suche ist überall, Semantic Web setzt sich durch, Renaissance der Taxonomien, 2005, URL: http://www.phil-fak.uni-duessedorf.de/fileadmin/Redaktion/Institute/Informationswissenschaft/trkulja/11133 84533password_1.pdf, zuletzt abgerufen: 22.03.2011

[Unte01] Unterstein, Klauns: PG-402 Wissensmanagement: Ontologiebasierte Wissensextraktion, Seminarbeit, Power Point Repräsentation, 2001, in Anlehnung: *"Mädche, A./ Staab. S.:Learning Ontologies for the Semantic Web in ECML/PKDD2001"* URL: www-ai.informatik.uni-dortmund.de/.../PG/PG402/.../PG-402-DataPreparation.ppt zuletzt abgerufen: 22.03.2011

[Usch95] Uschold, M.: Towards a Methodology for Building Ontologies, Paper,1995, URL: citeseer.ist.psu.edu/uschold95toward.html, zuletzt abgerufen: 22.03.2011

[UsGr96] Uschold, M./ Gruninger, M.: Ontologies: Principles, Methods and Applications - The Knowledge Engineering Review, Paper,1996, URL: http://citeseer.ist.psu.edu/viewdoc/summary?doi=10.1.1.111.5903, zuletzt abgerufen: 22.03.2011

[UsKi95] Uschold, M./ King, M.: Towards a Methodology for Building Ontologies, 1995, http://www.aiai.ed.ac.uk/project/ftp/documents/1995/95-ont-ijcai95-ont-method.ps, zuletzt abgerufen: 22.03.2011

[visi06] Frauenhofer ITB: visIT: Wissensrepräsentation, Fachmagazin, 2006, URL: http://www.iosb.fraunhofer.de/servlet/is/8649/visIT_02_06.pdf, zuletzt abgerufen: 22.03.2011

[Volt06] Voltmer, L.: Computerlinguistik für die Terminografie im Recht, Band 73 von Forum für Fachsprachen-Forschung, Gunter Narr Verlag, 2006,

[Voss03] Jakob, Voß; Grundlegende Aspekte des Semantic Web: Modellierung von Ontologien, Power Point Präsentation, URL: http://www.dbis.informatik.hu-berlin.de/dbisold/lehre/WS0203/SemWeb/folien/9/Voss_ontologien-modellieren2003.ppt, zuletzt aufgerufen 22.3.2011

[Wach03] Wache, H.: Semantische Mediation für heterogene Informationsquellen, Dissertation, Berlin: Akademische Verlagsgesellschaft Aka, 2003, URL: web.fhnw.ch/personenseiten/holger.wache/Papers/phd-03.pdf, 22.03.2011

[Wache03a] Wache, H.: Semantische Mediation für heterogene Informationsquellen, Paper, 2003, abrufbar unter: http://web.fhnw.ch/personenseiten/holger.wache/Papers/wache-03a.pdf, zuletzt aufgerufen 22.3.2011

[Wache et al. 01]. Wache, H./ Vögele, T./ Visser, U./ Stuckenschmidt, H./ Schuster, G./ Neumann, H./ Hübne, S.: Ontology-Based Integration of Information — A Survey of Existing Approaches, Paper, 2001, abrufbar unter: http://citeseerx.ist.psu.edu/viewdoc/download?doi=10.1.1.142.4390&rep=rep1&type=pdf, zuletzt aufgerufen 22.3.2011

[Wage04] Wagenknecht, A.: Fachliche Strukturierung von Rechtsnormen im Brandschutz unter Nutzung semantischer Technologien, Studienarbeit, 2004

[WaRa08] Wahlster, W./ Raffler, H.: Forschen für die Internet-Gesellschaft: Trends, Technologien, Anwendungen, Trends und Handlungsempfehlungen 2008 des Feldafinger Kreises, Paperblock, 2008, abrufbar unter: http://www.bdi.eu/aussenwirtschaftsreport/download_content/InformationUndTelekommunikation/Studie_Feldafinger_Kreis.pdf, zuletzt aufgerufen: 22.03.2011

[Wart99] Warth, D.: Praktische Umsetzung von Hypertext-Forschungsergebnissen im HTML-Publishing, Universität Mainz, Diplomarbeit, 1999

[Wein03] Weinberg, D.: Integration von Ontologien, Paper, 2003, abrufbar unter: http://www.dbis.informatik.huberlin.de/dbisold/lehre/WS0203/SemWeb/artikel/9/Weinberg_IntegrationOntologien.pdf, zuletzt aufgerufen: 22.03.2011

[Well09] Weller, K.: Ontologien: Stand und Entwicklung der Semantik für das World Wide Web, In: „LIBREAS.Library Ideas", Jahrgang 5, Ausgabe 2 (15), 2009, URL: http://www.ib.hu-berlin.de/~libreas/libreas_neu/ausgabe15/texte/001.htm, zuletzt aufgerufen 22.03.2011

[Wern07] Werner, D.: Taschenbuch der Informatik, Carl Hanser Verlag, 2007, ISBN 978-3-446-40754-1

[Wich07] Wichmann, G.: Entwurf Semantic Web. Entwicklung, Werkzeuge, Sprachen, Saarbrücken, 2007, ISBN 3836403986

[Wilc08] Wilczek, St.: Aktive elektronische Dokumente in Telekooperationsumgebungen:

				Konzept und Einsatzmöglichkeiten am Beispiel elektronischer Patientenakten, DUV, 2008, ISBN 978-3-8350-0880-9

[Wint03]		Winterbauer, S.: Das Googlepol, In: „Süddeutsche Zeitung", 19.7.2003, S. 18, 2003

[Wurm01]		Wurman, R. S.: Information Anxiety 2, Indianapolis: Que, Paperpack, 2001, ISBN 0553348566

[ZeSS99]		Zelewski, S./ Schütte, R./ Siedentopf, J.: Ontologien zur Strukturierung von Domänenwissen. Ein Annäherungsversuch aus betriebswirtschaftlicher Perspektive, In: „Wissen, Wissensmanagement, Wissenschaftstheorie. Wissenschaftliche Kommission Wissenschaftstheorie im Hochschullehrerverband für Betriebswirtschaftslehre e.V.", Arbeitsbericht, 1999, abrufbar unter: http://www.pim.uni-due.de/fileadmin/Publikationen/Arbeitsbericht_Ontologien.pdf, zuletzt aufgerufen: 22.03.2011

[Zhang04]		Yingying, Zh.: Proseminar Semantic Web: Ontologien, 2004

9 Anhang

A1

Genauer kann das Internet als ein dickes Buch ohne Inhaltverzeichnis angesehen werden, indem Texte und multimediale Daten untergebracht sind. Bei der Suche nach diesen Daten oder Texten stoßen die heutigen Suchmaschinen wie Google, Yahoo etc. trotz ausgefeilter Suchtechniken und –algorithmen an ihre Grenzen. Ihnen ist es nicht möglich, wie in Abbildung 2.1 dargestellt, die auf vielen unzähligen Servern liegenden Dokumente oder Bilder bzw. die komplette im Internet angehäufte Datenmenge zu erfassen. In der Realität bedeutet dies, dass von den zehn Milliarden Webseiten, Google als weltweit größte Suchmaschine zirka 4,2 Milliarden Webseiten (30-40%) in ihrem Suchindex erfasst.[Henk09, S.3]

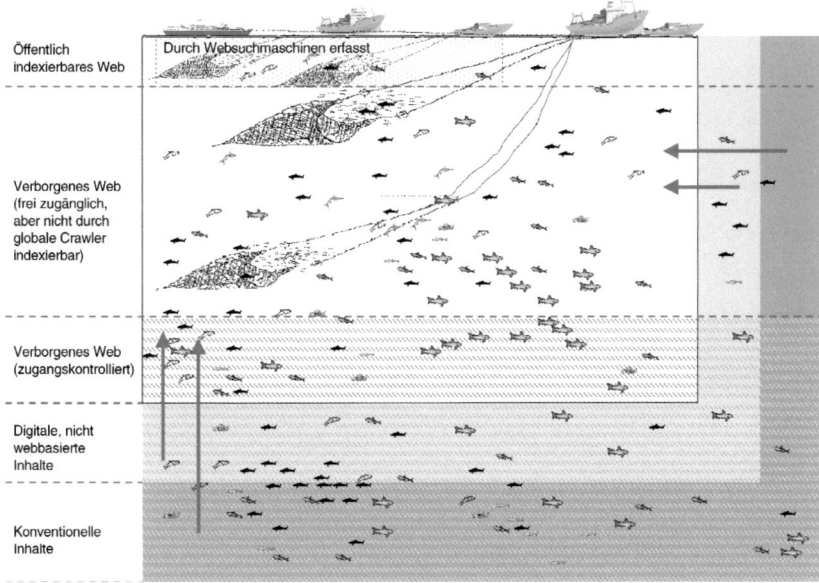

Abbildung 9.1: Erfassungsbereich der Suchwerkzuge im Internet[89]

A2

Das Internet erleichtert auf vielfältiger Art und Weise das Leben und wird heute in fast allen Lebensbereichen, sei es beruflich oder privat, benutzt. Analysten verzeichnen einen stürmi-

---

[89] KlSc03, S.282

schen, derzeit noch immer überproportional verlaufenden Zuwachs an Anwendern. Deutsche Erhebungen wie die von IDC und BITKOM[90] bestätigen dies.

Online-Nutzung in Deutschland 2010

Der Anteil der Internetnutzer in Deutschland ist auf 69,4 Prozent (2009: 67,1 Prozent) angestiegen. 49 Millionen der bundesdeutschen Erwachsenen sind online. Die durchschnittliche Verweildauer bei der Onlinenutzung zwischen Montag bis Sontag 136 Minuten pro Tag. Die Anzahl der Tage beträgt dabei 5,7. Die Nutzung gilt vor allem mit 58 Prozent dem Lesen von aktuellen Nachrichten. Die genutzten Anwendungen sind mit 84 Prozent das Senden und Empfangen von E-Mail und die Nutzung von Suchmaschinen mit 83 Prozent.[91]

A3

Genutzte Web 2.0-Angebote 2010

73 % aller Internetnutzer nutzen "zumindest selten" Wikipedia, 58 % nutzen Videoportale und 7 % Weblogs. Die Nutzungshäufigkeit ist bei privaten Netzwerken am höchsten: 17 % nutzen sie täglich, 61 % nie) und bei Twitter am niedrigsten (0 % nutzen sie täglich, 97 % nie).[92]

---

[90] http://www.bitkom.org/, zuletzt aufgerufen am 22.01.2011

[91] http://www.ard-zdf-onlinestudie.de/, zuletzt aufgerufen am 22.01.2011

[92] http://www.ard-zdf-onlinestudie.de/, zuletzt aufgerufen am 22.01.2011

A4

	Onto-lingua	OCML	LOOM	FLogic	XOL	SHOE	RDF(S)	OIL	DAML
Concepts									
General issues									
Metaclasses	+	+	+	+	+	−	+	−	−
Partitions	+	±	+	±	−	−	−	+	+
Documentation	+	+	+	±	+	+	+	+	+
Attributes									
Template (instance attributes)	+	+	+	+	+	+	+	+	+
Own (class attributes)	+	+	+	+	+	−	−	+	+
Local scope	+	+	+	+	+	+	+	+	+
Global scope	±	±	+	−	+	−	+	+	+
Facets									
Default slot value	−	+	+	+	+	−	−	−	−
Type constraint	+	+	+	+	+	+	+	+	+
Cardinality constraints	+	+	+	±	+	−	−	+	+
Slot documentation	+	+	+	−	+	+	+	+	+
Taxonomies									
Subclass of	+	+	+	+	+	+	+	+	+
Exhaustive subclass partitions	+	±	+	±	−	−	−	+	+
Disjoint decompositions	+	±	+	±	−	−	−	+	+
Not subclass of	±	−	±	−	−	−	−	+	+
Relations and functions									
n-ary relations/functions	+	+	+	±	±	+	±	±	±
Type constraints	+	+	+	+	+	+	+	+	+
Integrity constraints	+	+	+	+	−	−	−	−	−
Operational definitions	−	+	+	+	−	−	−	−	−
Axioms									
First order logic	+	+	+	+	−	±	−	±	±
Second order logic	+	−	−	−	−	−	−	−	−
Named axioms	+	+	−	−	−	−	−	−	−
Embedded axioms	+	+	+	−	−	−	−	−	−
Instances									
Instances of concepts	+	+	+	+	+	+	+	+	+
Facts	+	+	+	+	+	+	+	+	+
Claims	−	−	−	−	−	+	±	±	±

Abbildung 9.2: Vergleich von Ontologiesprachen[93]

---

[93] Quelle: [Wilc08]

A5

Beispiel SKOS Daten

Zum verdeutlichen des SKOS Datenmodell soll an dieser Stelle das Konzept „Economic cooperation" aus dem UK Archival Thesaurus (UKAT) dienen. Dies ist möglich, da auch wenn es einige Unterschiede im Detail gibt, das Datenmodell von SKOS weitgehend kompatibel zum Modell des aktuellen ISO-Standard-Entwurfs für Thesauri (ISO 25964-1) ist [94]. Ausgehend vom Konzept, dass in gedruckter Form wie folgt dargestellt werden kann:

```
Term: Economic cooperation

    Used For:
        Economic co-operation

    Broader terms:
        Economic policy

    Narrower terms:
        Economic integration
        European economic cooperation
        European industrial cooperation
        Industrial cooperation

    Related terms:
        Interdependence

    Scope Note:
        Includes cooperative measures in banking, trade, industry etc.,
        between and among countries.
```

Da das SKOS Core-Vokabular aus RDFS-Klassen und RDF-Eigenschaften besteht, lässt sich die Basis- Struktur des Konzepts und der Inhalt des Thesaurus als RDF-Graph dargestellt werden. Lässt sich dieses Konzept in SKOS als folgendes Bild, dass fast alle beschriebenen Eigenschaften beinhaltet, wie folgt darstellen:

---

[94] http://metadaten-twr.org/2011/01/19/skos-simple-knowledge-organisation-system/

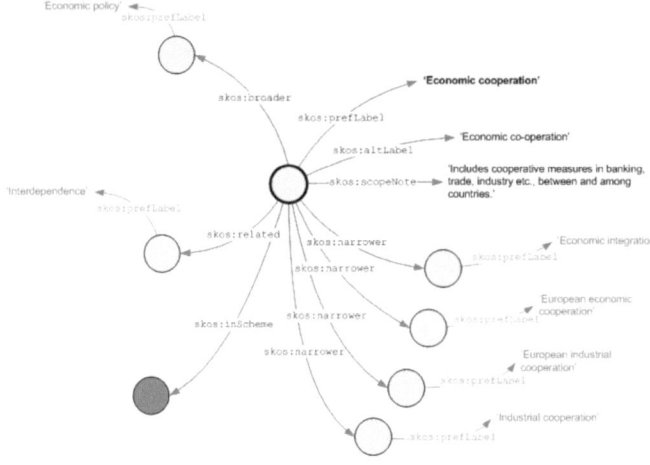

Davor müssen die einzelnen Informationen zunächst in Aussagen transformiert werden, die dem Vorgaben des RDF bzw. einem RDF-Tripel entsprechen. Die Aussagen in Hinblick auf das Beispiel lauten: Das Konzept hat

- die Vorzugsbezeichnung "Economic cooperation".
- die alternative Bezeichnung "Economic co-operation".
- ein übergeordnetes Konzept mit der Vorzugsbezeichnung "Economic policy".
- untergeordnete Konzepte mit den Vorzugsbezeichnungen "Economic integration", "European economic cooperation", "European industrial cooperation" und "Industrial cooperation".
- ist verwandt mit einem Konzept mit der Vorzugsbezeichnung "Interdependence"
- den Verwendungshinweis "Includes cooperative measures in banking, trade, industry etc., between and among countries." [95]

Als RDF lassen sich diese Aussagen, mit einem eindeutigen Identifikator in einer XML Darstellung wie folgt darstellen:

```
<rdf:RDF
    xmlns:rdf="http://www.w3.org/1999/02/22-rdf-syntax-ns#"
    xmlns:skos="http://www.w3.org/2004/02/skos/core#">
```

---

[95] http://metadaten-twr.org/2011/01/19/skos-simple-knowledge-organisation-system/

```xml
<skos:Concept rdf:about="http://www.ukat.org.uk/thesaurus/concept/1750">
    <skos:prefLabel>Economic cooperation</skos:prefLabel>
    <skos:altLabel>Economic co-operation</skos:altLabel>
    <skos:scopeNote>Includes cooperative measures in banking...</skos:scopeNote>
    <skos:broader rdf:resource="http://www.ukat.org.uk/thesaurus/concept/4382"/>
    <skos:narrower rdf:resource="http://www.ukat.org.uk/thesaurus/concept/2108"/>
    <skos:narrower rdf:resource="http://www.ukat.org.uk/thesaurus/concept/9505"/>
    <skos:narrower rdf:resource="http://www.ukat.org.uk/thesaurus/concept/15053"/>
    <skos:narrower rdf:resource="http://www.ukat.org.uk/thesaurus/concept/18987"/>
    <skos:related rdf:resource="http://www.ukat.org.uk/thesaurus/concept/3250"/>
    <skos:inScheme rdf:resource="http://www.ukat.org.uk/thesaurus/"/>
</skos:Concept>

</rdf:RDF>
```